MARTA COLOMINA AGUILAR

EL «MODO YO»

REGULA EN DOS MINUTOS TUS PROBLEMAS EN EL TRABAJO

MARTA COLOMINA AGUILAR

EL «MODO YO»

REGULA EN DOS MINUTOS TUS PROBLEMAS EN EL TRABAJO

© Marta Colomina, 2018

Queda prohibida toda distribución, reproducción, comunicación pública y transformación, ya sea total o parcial, de este libro, así como su incorporación a un sistema informático, su transmisión en cualquier forma o por cualquier medio, sea éste electrónico, mecánico, por fotocopia, por grabación u otros métodos, sin el permiso previo y por escrito del titular del copyright.

Todos los derechos reservados

1. Prólogo 9
2. Introducción 13
3. El «Modo Empresa» 17
   3.1. Cuando las empresas empezaron a tener gimnasio 17
   3.2. ¿En qué se parece una empresa a una guardería?..24
   3.3. Los problemas más frecuentes en el trabajo 33
      3.3.1. Problema 1: Estrés 36
      3.3.2. Problema 2. Desmotivación y apatía 38
      3.3.3. Problema 3. Cambios en el puesto o en la empresa 39
      3.3.4. Problema 4. Conflictos............................40
      3.3.5. Problema 5. El jefe 41
4. Qué es el «Modo Yo» 45
   4.1. La pregunta clave 47
   4.2. La gran ausente en los temarios de la universidad...48
   4.3. ¿Por qué los niños no «tienen que» compartir sus juguetes? 53
   4.4. ¿Tienes dos minutos? 58
   4.5. Qué es y qué no es el «Modo Yo» 62
5. Cómo ponerte en «Modo Yo» para regular un problema..65
   5.1. Paso 1: Conectar con el cuerpo 66
   5.2. Paso 2: Detectar las emociones 69
      5.2.1. Las emociones del estrés 72
      5.2.2. Las emociones de la desmotivación 74
      5.2.3. Las emociones cuando hay cambios en la empresa 78
      5.2.4. Las emociones ante los conflictos con otras personas 81
      5.2.5. Las emociones ante un jefe que no nos gusta 88
   5.3. Paso 3: Satisfacer las necesidades 93
   5.4. El «Modo Yo» en dos minutos 99

5.4.1. El «Modo Yo» del estrés: del miedo a la confianza 100
5.4.2. El «Modo Yo» de la desmotivación: de la tristeza a la protección 104
5.4.3. El «Modo Yo» del miedo al cambio: de la sorpresa a la claridad 108
5.4.4. El «Modo Yo» de los conflictos: de la ira al reconocimiento 112
5.4.5. El «Modo Yo» del jefe: del asco a la aceptación 116
5.4.6. Resumen visual del «Modo Yo» 120
6. Dónde pedir ayuda 121
7. Referencias 123
8. Agradecimientos 125
9. Sobre la autora 127

A Tristán, por todo y por tanto.

1. Prólogo

Decía Antonio Gala que para decir «te amo» lo primero que hay que ser capaz de decir es «yo». En este libro que te dispones a leer, Marta nos remite también al «yo», pero en el ámbito del trabajo, no en el de las relaciones personales más íntimas.

Y es que hoy, que tanto presumimos de individualidad y de defensa numantina de la privacidad, nos hemos olvidado de vivir «íntimamente con nosotros mismos»: ese desiderátum tan encomiado y reivindicado por las grandes culturas y civilizaciones de todos los tiempos y latitudes.

Desde el clásico occidental «conócete a ti mismo» inscrito en el pronaos del templo de Apolo en Delfos, hasta la milenaria afirmación oriental del Tao Te King que dice «Conocer a otros es inteligencia; conocerse a sí mismo es verdadera sabiduría», en estos digitales, globalizados y apresurados días que vivimos, con frecuencia solemos intentar disfrutar de una vida razonablemente «privada» mientras que se nos olvida vivir una auténtica vida «íntima». Y es que la «vida privada» se define fundamentalmente mirando hacia afuera, mientras que la «vida íntima» nos remite a nuestro interior, ese gran desconocido en multitud de ocasiones.

Marta nos propone, desde estas páginas, que nos sumerjamos en nuestra «vida íntima laboral», esa en la que solemos recalar unas ocho horas al menos cada día. El «Modo Yo» que da título al libro es una invitación a que todos los días dediquemos unos minutos a desactivar el «Modo Empresa» en el que solemos estar mientras trabajamos –y a veces también cuando no lo hacemos– para ponernos en ese «modo íntimo» que es nuestro yo, y así ayudarnos a regular las insatisfacciones del día a día laboral. A veces es por el jefe, a veces es el estrés, otras por los cambios, pero lo cierto es que todos hemos sufrido alguna vez esos sentimientos de tristeza, sorpresa, miedo y a veces ira… —¿por qué no?— que, además de hacernos infelices, nos secuestran literalmente para desarrollar con satisfacción y eficacia nuestra actividad.

El que estas líneas escribe ha tenido la suerte de trabajar con Marta, codo con codo, en el mundo de los Recursos Humanos unos cuantos años. Durante ellos hemos disfrutado, a veces sufrido –las menos–, y vivido proyectos cautivadores. Y también discrepado en alguna que otra ocasión. Siempre, eso sí, tratando de debatir sobre las diferencias, desde la camaradería, con honestidad intelectual y con ganas de aprender algo de esas discrepancias.

En el caso de este libro no iba a ser menos. Cuando me habló del libro la primera vez, le dije que los «dos minutos» del subtítulo podrían generar falsas expectativas. Pues, si bien es cierto que con entrenamiento y perseverancia se puede llegar a conseguir activar el «Modo yo» en un par de minutos, al principio requiere algo más de tiempo.

Y es que, como todo aprendizaje experiencial, esto no va tanto de «comprenderlo» —aprendizaje meramente intelectual—, que también, cuanto de incorporarlo a nuestra vida como un hábito. Será entonces cuando seas capaz de activar el «Modo Yo» en piloto automático, que lo podrás hacer en un par de minutos y tener tanto éxito como Rafa Nadal cuando conecta automáticamente su temible top spin en décimas de segundo. Antes, como él, pero no tanto, tendrás que haberle dedicado tiempo a perseverar en ello.

El libro que tienes en tus manos está escrito desde un tremendo cariño a la profesión. Está cocinado desde una profunda, dilatada y diversa experiencia ayudando a mejorar las empresas a través de la mejora de sus empleados. Y está fundamentado desde una sólida formación académica. Es su «ópera prima» y, sin embargo, por lo fácil que se lee y lo ameno y directo que resulta, pareciera que Marta ya tiene varias publicaciones a sus espaldas.

Pero no te engañes, querido lector. No es un libro para leer rápido. Como los buenos vinos, conviene que lo escancies con mimo, que permitas que se oxigene y lo degustes pacientemente; saboreando todos sus aromas y matices, dejando que penetren en los entresijos de tu «yo íntimo» y volviendo a ellos reiteradamente una vez degustado.

Deja que sus sabores vayan configurando dentro de ti esos hábitos nuevos. Será entonces cuando descubras que tu «Modo Yo» te permite no sólo tener «vida privada», sino también «vida íntima». Y que teniéndola y disfrutándola seguramente te sientas más completo, más feliz, y percibas que los que te rodean sonríen algo más.

Y es que «Ser maestro de otros es fuerza; ser maestro de sí mismo es verdadero poder» (Tao Te King).

Ángel Luis Rodríguez Rodríguez

Ángel Luis (Madrid, 1957) se graduó en Ciencias Empresariales en el Instituto Católico de Administración y Dirección de Empresas (ICADE), perteneciente a la Universidad Pontificia de Comillas. Ha desarrollado una amplia y dilatada trayectoria profesional en distintas entidades del sector financiero nacional e internacional, así como en la consultoría de Recursos Humanos y desarrollo directivo. Lector empedernido a la vez que ferviente convencido de la praxis multidisciplinar, y de que el auténtico conocimiento es «uno y sin fronteras académicas artificiales», desde hace años dinamiza foros interdisciplinares donde se dan cita promiscua las ciencias y las humanidades, en un decidido espíritu de «contrabando del conocimiento» en el que las aduanas curriculares se borran, y la metáfora, como herramienta de conocimiento, fluye con libertad.

2. Introducción

> «EL TRABAJO PUEDE SER NUESTRO MAYOR ALIADO O NUESTRO MAYOR ENEMIGO. EL TIMÓN ESTÁ EN NUESTRAS MANOS. APRENDAMOS A LLEVARLO CON FIRMEZA Y PERICIA EN TODO MOMENTO, PERO MUY ESPECIALMENTE CUANDO LAS AGUAS ESTÁN REVUELTAS».
> (Mª. JESÚS ÁLAVA REYES – *TRABAJAR SIN SUFRIR*)

Me dedico a la consultoría de Recursos Humanos desde el año 2000. He participado en muchos proyectos, todos ellos con el fin de mejorar algo en la empresa o de mejorar algo en los empleados. En realidad, me contratan para que mejoren ambos a la vez (al menos eso dicen mis clientes y no vamos a ponerlo en duda).

Durante muchos años y como primera etapa, trabajé en varias empresas donde los psicólogos éramos una minoría en peligro de extinción, rodeada de economistas, abogados, ingenieros, ADEs, y algún sociólogo. Gracias a estos entornos, aprendí todo lo que sé sobre gestión de empresas, organización y estrategia y, de paso, aprendí «un poco» sobre el poder demoledor del ego directivo, ambiciones oscuras, jefes narcisistas, emprendedores kamikaze, compañeros miserables, vagos compulsivos, secretistas profesionales, y otras intrigas palaciegas que, irremediablemente, enseña esta profesión.

En mi segunda etapa y durante cuatro años, me dediqué

a analizar los tres pilares que componen la vida profesional: la trayectoria (lo que el currículum y la trayectoria dicen de ti), el talento (lo que te gusta hacer: deporte, lectura, arte…), y las expectativas profesionales (cómo te visualizas: emprendiendo un negocio, conciliando tu familia con el trabajo, en una dirección general…).

Si puedo extraer una conclusión de esta etapa, es que lo que mejor predice el éxito o el fracaso no son los títulos ni los conocimientos, sino la claridad de la persona respecto a sus expectativas profesionales, y su persistencia para lograrlas.

Mi tercera etapa, los últimos cuatro años, los he pasado aplicando la psicología, más que nunca, al entorno empresarial.

Como puedes imaginar, he visto de todo. Veo a diario personas estresadas por su trabajo, deprimidas, asustadas, furiosas, angustiadas. Profesionales confundidos, abatidos, agobiados, tristes, derrotados por otros, aburridos. Y todos ellos están heridos, pero no salen del bucle porque no saben priorizar el bienestar en su agenda.

El sufrimiento profesional no es algo que tenga que ver con la posición jerárquica ni con el título universitario: manejando cientos de millones en bolsa, conduciendo un taxi, dirigiendo un país o siendo un becario, el malestar profesional suele tener raíces, consecuencias y soluciones similares.

Este libro es producto de mi experiencia como psicóloga de empresas, y, aunque puede resultar práctico para cualquier profesional, algunos ejemplos resultarán más cercanos a personas de empresas de más de quinientos empleados.

Sea cual sea tu entorno profesional, mi objetivo es que aprendas a regular el malestar que te provocan los problemas en el trabajo, y que para ello dediques sólo dos minutos de tu tiempo cada vez.

Espero que tu trabajo deje de ser sinónimo de angustia y empiece a ser una fuente de satisfacción y logros.

Marta, 2018

3. El «Modo Empresa»

3.1. Cuando las empresas empezaron a tener gimnasio

> «EL QUE DOMINA A LOS OTROS ES FUERTE. EL QUE SE DOMINA A SÍ MISMO, PODEROSO».
>
> LAO-TSÉ - TAO TE KING

Conozco al que fue director de la asesoría jurídica de un banco del IBEX-35 que ahora está jubilado. En los treinta y tantos años que trabajó allí, este banco vivió todo tipo de cambios: fusiones, recesiones, cambios de marca, cesión de miembros del equipo directivo, movimientos en la estrategia...

Me ha contado varias veces una historia sucedida en los ochenta, cuando veíamos películas en las que un jovencísimo Michael J. Fox se hacía con el control de una empresa de la Quinta Avenida en la que los directivos fumaban, bebían y traficaban con influencias, sin apenas despeinarse.

En ese contexto empresarial, del que nos separa un abismo en la forma, pero un centímetro en el fondo, este hombre cuenta que el presidente del banco, SU banco, puede que hasta TU banco, decía a menudo su frase fetiche:

«Si a los cuarenta y cinco años aún no te ha dado un

infarto, es que eres un mierda».

Tómate tu tiempo para asimilar la frase y, si eres un *millennial*, perdóname por esta agresión. Intentaré no volver a hacerlo, pero no te prometo nada.

Millennial, ese era el «Modo Empresa» en los ochenta, pero debes saber que ese modo ha sufrido una radical transformación desde la producción manual de las antiguas civilizaciones, cuando la esclavitud, los oficios, las jerarquías y la supervivencia eran una realidad tozuda e incuestionable.

La manufactura de la Edad Media trajo consigo los rudimentos de los planes de formación, representados por el papel del maestro y la agrupación gremial.

La revolución industrial zarandeó el universo del trabajo, y el *taylorismo* aportó la semilla del rol del autónomo actual, con el trabajo a destajo. Las fábricas, el trabajo por supervisión y el aprendizaje pautado parieron una nueva «raza» humana, el *«Homo Laburus»*, con una nueva, ambiciosa y competitiva concepción del mundo profesional.

El penúltimo «Big bang», la revolución empresarial de los ochenta, nos trajo al jovencísimo Michael J. Fox que mencionaba antes, a esa Diane Keaton que lo dejaba todo para conciliar, o aquella sensual Melanie Griffith capaz de desbancar a una ambiciosa y maligna Sigourney Weaver, de Óscar en el papel de ejecutiva agresiva.

En esta época, empezaron a trazarse las DPO (Dirección por Objetivos), los organigramas formales, y las oficinas en rascacielos como símbolo de un sensual capitalismo y como centro obligatorio de la actividad laboral. Esta etapa esculpió un modelo de éxito basado en los títulos (la carrera universitaria, el expediente académico, el currículum…), el tráfico de influencias y la adicción al trabajo (los famosos *workaholics*).

En esos años de secretarias con máquina de escribir, papel carbón como forma de fotocopiar, humo de tabaco, trato de usted y jerarquía sin meritocracia, se perpetró la frase del presidente del banco del hombre que mencionaba antes: *«si a los cuarenta y cinco años aún no te ha dado un infarto, es que eres un mierda»*. Perdóname, *millennial*: lo he vuelto a hacer. Te dije que no podía prometerte nada.

El estrés, en los surrealistas ochenta, era una realidad premiada. Cuanto más estrés, mejor. Cuanto más tabaco, más dinero, más alcohol, más rascacielos, más, más, y más de todo, mejor.

Lógica la proliferación de los terapeutas «a lo Woody Allen», que curaban a precio de oro el perverso glamour de la ansiedad.

Qué tiempos.

Millennial, sales a jugar. Más o menos cuando naciste, ya no hablábamos de revolución empresarial, sino de era digital, que, a efectos de empresa, fue cuando empezamos a usar el e-mail como correo habitual (en torno a 1995).

Por aquel entonces, algún gurú incipiente concluyó que el «no va más» de la productividad no es una cuestión de jerarquía o de adicción al trabajo, sino de compromiso o *engagement*. Ese señor convenció a uno, ese uno a otro, y ese otro a muchos otros, hasta que «el dios Harvard» integraría en sus arengas este concepto aplastante que revolucionó el mundo organizativo, para poner la piedra filosofal de la productividad: el compromiso.

Se levantaron los ya conocidos «campus empresariales» que, para muchos, son auténticas jaulas de oro. Personalmente, siento admiración y claustrofobia a partes iguales cuando entro en alguno de ellos y veo gente comprando el pan en la panadería o ibuprofeno en la farmacia, *machacas* en el gimnasio, o empleados dejando a sus hijos en la guardería. Una vida cómoda y... No sé qué más. Pon tú el nombre.

Y ese fue el «Modo Empresa» de la era digital, antes de La Gran Bofetada de 2008.

Con este ~~perverso~~ concepto del compromiso, empezamos

a hablar de organizaciones horizontales, trabajos deslocalizados, nuevas tecnologías, aprendizaje informal, *long life learning* y otros *palabros*, y el empleado como persona que hace las cosas de *motu proprio*, y ya no por la *manu militari* de la gestión ochentera *demodé*.

Vino entonces la época dulce en la que las empresas invertían millonadas en programas de formación, motivación e incentivos para que sus empleados se sintieran cómodos y, por tanto, se comprometieran más con su trabajo, y así fueran más productivos. Viajes a Laponia, tirolinas, *team buildings* de cocina, viajes de aventura... Todo.

Pero #vayapordios. La Gran Bofetada de 2008 dejó sin un céntimo a muchas empresas, y el panorama derrochón se fue como la juventud: para no volver.

Y nunca volvió porque, tras la Gran Bofetada, la inversión en motivación e incentivos empezó a considerarse algo obsceno, aunque la empresa tuviera presupuesto para ello.

Así que hubo otro viraje hasta el «Modo Empresa» actual.

Las empresas tienen que justificar más y mejor en qué invierten cada céntimo y, tras la recesión, todo se mira con lupa. La premisa «empleado contento-empresa contenta» hay que mantenerla porque es una realidad incuestionable, pero el *engagement* pedía a gritos otra palabra.

Y como aquí está todo inventado, volvimos a la época de los griegos. Las escuelas de negocios, las empresas, los gurús (qué haríamos sin ellos) y las universidades, empezaron a hablar de un concepto milenario que llevaron a la empresa: la felicidad.

«Cuanto más feliz es el empleado en la empresa, más produce», ha sido nuestro *leitmotiv* después de la Gran Bofetada, y la idea del trabajo como fuente incuestionable de sentido vital.

Las empresas, que siguen la moda tanto como las *influencers* de Instagram, han desplegado todo un mundo de felicidad en torno a sus empleados. Incluso ha aparecido el «Happytólogo» como posición profesional. (*Millennial*, te veo sonreír. *Baby boomer*, no llores).

Creo sinceramente que la felicidad profesional existe, y aumenta el rendimiento del empleado y la productividad de la empresa. No seré yo, profesional de la felicidad profesional, quien atice a estas cuestiones: estaría chamuscando mi propio pan.

Pero quiero hacerme dos preguntas: 1) ¿Hay un retorno claro de la inversión en felicidad sobre la cuenta de resultados de la empresa?, y 2) Los programas de *wellness* y felicidad profesional ¿tienen un impacto real y duradero en la salud mental de los empleados, o simplemente actúan como «inyecciones» puntuales y catárticas de motivación?

No tengo claras las respuestas, pero sí sé que cada día me estrello contra el sufrimiento de muchos profesionales que forman parte de programas de felicidad de sus empresas.

¿Por qué, entonces, si el «Modo Empresa» tiene la felicidad por bandera, hay en España seis millones de personas con estrés?, ¿por qué el estrés se ha instalado como enfermedad laboral hasta el punto que la OIT (Organización Internacional del Trabajo), afirma que dicha enfermedad laboral es «la pandemia del siglo XXI»?

¿Por qué, si somos la generación más protegida y mimada por nuestros empleadores, hay tanto *mobbing*, violencia, problemas de conciliación, techos de cristal, estrés, angustia profesional, y otros problemas psicosociales?

Quizá sea porque nos estamos *trampeando* a nosotros mismos.

La empresa, especialmente si es grande y tiene recursos, quiere que estés contento para que seas más productivo, y aumente así la probabilidad de ingresar más. Y como quiere que seas feliz para que esto ocurra, aumenta sus inversiones en felicidad. Pero una felicidad colectiva, para todos los empleados.

No nos engañemos: las empresas quieren ganar dinero, y saben que ganarán más cuanto más feliz seas tú. Y la verdad, es algo razonable y legítimo, porque de una empresa se espera que quiera ganar dinero. Y la realidad es que si la empresa gana dinero, tú también te beneficias.

Pero no tengo claro el ROI de la inversión en felicidad profesional sobre la cuenta de resultados, ni tengo claros los efectos a medio plazo en el colectivo de empleados. Y menos claro tengo aún el impacto en la salud mental de la persona.

Sí veo claro, en cambio, que vivimos en un entorno competitivo y materialista, que promueve vivir en un bucle personal de cruel autoexigencia y ansiedad.

Y tengo claro, clarísimo, que el «Modo Empresa» actual aplica programas de *wellness* que sientan de lujo al empleado y cuelgan merecidas medallas a sus promotores, pero no puede mantener a raya al verdugo silencioso que hace sufrir a seis millones de españoles y cuarenta millones de europeos. Ese verdugo se llama «mundo competitivo», y lleva en su ADN la presión excesiva, competitividad, *pasilleo, mobbing*, egocentrismo, narcisismo, difamación, ambición excesiva, materialismo, luchas de poder y otros nombres que no, no son los demás. Lo somos todos. El «Modo Empresa» lo construimos entre todos.

Cómo salimos de ésta... es la gran pregunta. Nadie queremos ser la oveja blanca, y por eso seguimos siendo ovejas negras que promovemos un «Modo Empresa» en ocasiones *tramposillo*, otras perverso, y siempre *tripolar*.

La empresa intentará que seas feliz hasta donde alcance su presupuesto, lo hará en su propio beneficio, y olé por la empresa: estará haciendo su trabajo.

Con este libro, te sugiero que trates de entender las reglas de juego del «Modo Empresa», aceptándolo como es sin hacerte ilusiones. Pero también te propongo que no dudes en hacer lo mismo que tu empresa, es decir, priorizar tu propio beneficio y borrarte de la lista de los millones de sufridores en el trabajo.

Te propongo una forma de autogestión que no va en contra de tu organización, y que va muy a tu favor. Es un complemento a lo que te ofrece la empresa, pero, mientras ésta apuesta por el colectivo, tú apuestas por ti mismo.

La autogestión emocional es la mejor inversión para la felicidad profesional, y la única acción (repito, la única) con un retorno sólido, profundo y duradero en la persona.

***

Lamentablemente, el presidente del banco de la frase del infarto con cuarenta y cinco años, murió al inicio de su cincuentena por haber descuidado las señales del meteórico deterioro de una enfermedad hereditaria que, debido a su enorme responsabilidad profesional y relevancia social, no tuvo tiempo de vigilar. Fue enterrado con el éxito de un triunfador de Estado, y dejó a su familia un inmenso patrimonio.

Si crees que esto merece la pena, desde luego este libro no es para ti.

3.2. ¿En qué se parece una empresa a una guardería?

> «EL PROBLEMA DE TENER UNA MENTE ABIERTA ES QUE LA GENTE INSISTE EN ENTRAR DENTRO Y PONER ALLÍ SUS COSAS».
>
> TERRY PRATCHETT

Seguro que recuerdas esta famosa ilustración de Sigmund Freud que contiene dos imágenes: la cabeza de un hombre, y una mujer desnuda. Según dónde pongamos el foco, vemos una u otra.

Esto sucede por un fenómeno perceptivo que a veces prioriza una de las imágenes, y otras veces prioriza la otra.

No podemos decir que haya una única figura. Hay una mujer desnuda y la cabeza de un hombre: ambas imágenes conviven en esta ilustración. Como en la vida, nunca hay una sola realidad.

De hecho, la física cuántica indica que la realidad no existe hasta que es observada, pues afirma que un átomo empieza a existir sólo en el momento en que un observador es consciente de su presencia.

Aplicado al mundo de la empresa, un jefe es autoritario,

por ejemplo, sólo cuando hay al menos una persona que empieza a percibirlo así. Si ningún empleado piensa en esa dirección, ese jefe tendrá otras cualidades que los demás observarán en él (rápido, discreto, austero...), pero el atributo «autoritario» no será una realidad, puesto que nadie la habrá observado.

En el trabajo estamos continuamente creando nuevas realidades, pues debido a nuestras características personales, a nuestro pasado, nuestros miedos, nuestra situación actual y un gran número de variables prácticamente ingobernable, percibimos la realidad de una determinada manera, y a la vez nos proyectamos sobre ella.

Tengo como cliente a una consultora de marketing y, entre otras cosas, hago *coaching* individual en uno de los equipos. Hace unos meses, estaba en una sesión con una de las consultoras del equipo, que me hablaba de una reunión comercial que había tenido con dos compañeras y el jefe de las tres. Las tres son homólogas, es decir, responsables de un equipo comercial diferente, pero del mismo nivel jerárquico.

Su jefe les hablaba de la situación crítica que atravesaba la empresa, alertándolas de la situación económica de ese momento. Las tres estaban en la misma reunión: vieron, leyeron, y escucharon lo mismo de su jefe. Pero en absoluto percibieron la misma realidad.

Dos de ellas (la que me contó el caso, y otra) salieron preocupadas, trazando un plan de acción para aplicar inmediatamente a sus equipos, y aumentar rápidamente la facturación. Digamos que ambas tuvieron una reacción razonable de preocupación ante la situación que les había trasladado su jefe.

En cambio, la tercera (en adelante, «la compañera asustada»), pasó los dos días siguientes al borde del ataque de ansiedad (como yo misma pude comprobar), con insomnio y palpitaciones ante «La Gran Bronca Amenazante de Despido» que, según ella, habían recibido de su jefe.

Fue sorprendente la manera tan distinta que tuvieron de percibir la misma situación. No es que unas vieran primero a la mujer desnuda y otras la cabeza del hombre de la ilustración anterior... Es que la tercera percibió algo que ni siquiera estaba sobre la mesa: creó una nueva y catastrófica realidad.

Por mucho que su percepción fuera desproporcionada respecto a la situación, para ella fue algo real, y sintió una emoción extrema ante algo que, para la mayoría de las personas, no superaría un seis en una escala de malestar emocional o ansiedad.

¿Por qué sucede esto?, porque la persona ha conectado con una emoción muy negativa que le pone en «Modo Catástrofe», y una persona en este estado no sabe razonar, se vuelve totalmente incapaz de ver que, además de la cabeza del hombre, hay una mujer desnuda en la ilustración.

Ante el mensaje verbal de su jefe, «tenéis que vender más», la «compañera asustada» hizo un salto perceptivo enorme y sacó una conclusión: «me van a despedir». Y lo peor fue con qué la conectaba esa idea de despido: probablemente, con el fracaso, la humillación, la soledad...

Las otras dos, habiendo oído la misma frase, sacaron conclusiones como «contamos con vosotras para esta situación difícil», «este momento es muy delicado y si sigue así, habrá problemas graves», «os lo contamos primero porque sabemos que vais por delante del equipo»...

Se pusieron manos a la obra inmediatamente, y la tercera se bloqueó. Y lo hizo igual que se bloquean millones de personas al día en las empresas, aunque no siempre haya manifestaciones tan intensas.

Con el hecho de participar, por ejemplo, en una reunión de trabajo, automáticamente se despiertan en nosotros miles de conexiones neuronales que nos hacen ver la figura o el fondo, la cabeza del hombre o la mujer desnuda de nuestro ejemplo. Son tantos los estímulos que recibimos en un día, que generalmente extraemos las conclusiones más probables.

El adulto sano tiene una opinión clara de las cosas (ve en primer lugar la mujer desnuda, por ejemplo), pero es capaz de integrar otras visiones (*también* ve la cabeza del hombre), y sabe que ambas realidades son posibles, aunque no comparta o comprenda alguna de ellas. Si somos capaces de integrar otras visiones diferentes de la nuestra, crearemos realidades alternativas y nuestras emociones no serán catastróficas porque veremos distintas opciones, y eso aporta una idea más realista y esperanzadora de la realidad.

Pero «la compañera asustada» vio una imagen primero, el pánico le impidió ver la otra, y su conclusión falaz fue una tercera imagen que su traidora cabeza integró en su escena mental. Por tanto, sus emociones posteriores fueron catastróficas y desproporcionadas a la situación: creó una nueva realidad en la que su despido era la opción más plausible, con el consiguiente sentimiento de fracaso, soledad, angustia y humillación. Creó una realidad negativa y desesperanzadora.

Cuando las cosas suceden así en una empresa, no es un adulto quien está gestionando la situación, no fue «la compañera asustada» la que actuaba en su versión adulta, sino que se apoderó de ella la magullada niña interior que reveló llevar dentro. Cuando un adulto lleva dentro un niño herido, es porque carga con un dolor profundo que no consiguió resolver cuando tocaba: en su infancia.

¿Y qué dolores son estos que han marcado a la persona desde que era pequeña, hasta el punto de explotar en una simple reunión de trabajo?, pues «vaya usted a saber» cuál es el problema en cada caso, pero si miras cómo es la familia de origen de la persona en cuestión, la respuesta sale sola.

Estas personas suelen venir de entornos familiares tristes, hostiles o heridos, y no imagines violencia o maltrato (que también), sino situaciones más sencillas y comunes: divorcios, fallecimientos, padres dominantes, fríos, ausentes o severos, alguna enfermedad o situación incapacitante, problemas económicos, exceso de responsabilidad... Problemas hay miles. Y la pregunta que debemos hacernos no es «si es para tanto» o no el problema que trae desde tan lejos esta persona. La pregunta es cómo le afectó en su infancia, qué necesidad afectiva quedó insatisfecha, y cómo le afecta en la actualidad.

Casos de «heridas narcisistas» hay miles en las empresas: niños heridos en cuerpos de adultos, que, si bien la mayor parte del tiempo hacen su trabajo con eficacia, y se desenvuelven con relativa normalidad en entornos estables, se hunden en la miseria cuando les viene en contra un simple soplo de aire, y tienen reacciones que para la mayoría son extrañas o desproporcionadas.

Pon a una de estas personas a dirigir un equipo: lo hará sin problemas y, de hecho, le encantará la visibilidad del liderazgo. Felicítala por su trabajo, promociónala o hazle una subida salarial: sentirá siempre que el éxito es merecido y estará en conexión auténtica con la empresa.

Pero hazle una crítica microscópica, pídele algo diferente de lo que hace, alaba ante ellas el trabajo de otras personas, o asciende a su compañero, y la hecatombe estará servida.

Las empresas son todo menos entornos estables, pues la constante es, precisamente, el cambio y la inestabilidad. Y cuando esta inestabilidad del entorno tiene el más mínimo riesgo de afectar a estos «gigantes con pies de barro», el serial tendrá un nuevo y dramático episodio.

Volviendo al ejemplo, el drama sucedió, pues quien tomó las riendas de la situación fue la niña herida que había dentro de «la compañera asustada», y los niños no saben gestionar las emociones que requiere un entorno laboral complejo. Se comportó como un náufrago tratando de salir a flote, hundiendo todo lo que se le acercaba: criticando a sus compañeros, difamando a su jefe, haciendo valoraciones negativas de la empresa en público, y expresando con desgarro su angustia y malestar a todo el que quiso escucharla.

En una semana, la empresa parecía un ejército derrotado.

La niña herida conectó con otros niños heridos que hasta el momento habían estado callados. Y después conectó con otros adultos que, sin saber que hablaban con niños, se dejaron envolver por los poderosos argumentos que lanzaban estos niños disfrazados de adultos sensatos: las manzanas podridas tienen mucho poder.

Aquello empezó a parecerse al patio de una guardería: había niños llorando por todas partes, incapaces de conectar con otras realidades, y totalmente bloqueados por el pánico.

«La compañera asustada», ella sola, no fue la culpable del ambiente tóxico que se generó: nunca es un «niño» solo. Pero tuvo una contribución clara al clima negativo, expresando en formato arenga una catástrofe que surgió en su cabeza como consecuencia de una realidad que sólo ella percibió.

Al preguntar a su jefe sobre la vida de «la compañera asustada», me contó que provenía de una familia «normal». Mas tirando de otros hilos, alguien me contó que tanto ella como su madre y hermanas habían estado muy marcadas por un padre autoritario que, además, engañó varias veces a su mujer cuando las hijas eran pequeñas. Supe también que ella, de treinta y cinco años, nunca había tenido una pareja estable, y mostraba desconfianza y hostilidad hacia los hombres.

Ahí lo tenemos.

El origen del problema suele estar siempre en el mismo lugar. Como dice la psicóloga clínica Ana Guzmán de Lázaro refiriéndose a la relación que tuvimos en la infancia con nuestros padres, «explorando las relaciones de apego podemos encontrar las claves de nuestro mapa relacional del presente».

Por tanto, una inofensiva reunión comercial en la que un jefe expone la delicada situación económica y pide vender más, desata un terrible sentimiento de pánico, porque conecta con una situación en la que quedó insatisfecha la misma necesidad:

> Más ~~cariño~~ reconocimiento de mi ~~padre~~ jefe en la ~~infancia~~ reunión comercial.
> Más cariño ~~reconocimiento~~ de mi padre ~~jefe~~ en la infancia ~~reunión comercial~~.

Si no estás familiarizado con la psicología, puede que estas líneas te hayan sonado a algo así: **我不能忍受心理学家**.

Si te ha «sonado a chino», te pido, entonces, que hagas «un acto de fe» en la psicología, y retengas simplemente que, cuando una persona tiene en su trabajo <u>recurrentes</u> reacciones extrañas, molestas, irritantes, perversas, malignas o desproporcionadas, lo hace porque carga con un profundo malestar interior. Cuesta tener compasión, pero **una persona tóxica es tóxica porque sufre**. Piensa que las personas que han crecido felices no tienen ninguna necesidad de destruir, criticar, difamar, acaparar u ostentar: tienen confianza y pisan en tierra firme.

Aunque tú no eres responsable de nada y no tienes que hacer ningún esfuerzo extra por esas personas, sí te animo a que las comprendas, las compadezcas y las gestiones con perspectiva y paciencia.

Pero debes estar alerta a que su dolor no te coloque, por alguna razón, en el centro de su diana. En ese caso, escúchame con atención: aunque su objetivo no será hacerte daño, sino salir a flote, si una persona tóxica te identifica como causante o culpable de su dolor, estarás en su radar y mi propuesta es que intentes salir de él.

El «cómo hacerlo», que te adelanto que no será nada fácil, me temo que corre de tu cuenta porque no conozco tu caso: como ejemplos, propongo un silencio total y no darte por aludido, un cambio físico de sitio, lanzarle «una cortina de humo» para desviar la atención de ti...

Pero el «qué» está clarísimo: sal de su radar o es muy posible que te veas perjudicado. Ponte el primero en la fila de tu vida, y ten cuidado con este tipo de personas heridas y el efecto dominó tan estrepitoso que generan sin pretenderlo.

Pero quiero decir que me resultan muy satisfactorios los procesos de *coaching* con este tipo de persona que nombramos e identificamos como «tóxica». Cuando logra derribar los muros defensivos que ella misma ha construido a lo largo de su vida, y entiende cómo eran el miedo y la tristeza quienes dirigían su extraño comportamiento, el niño herido se va y deja salir a un adulto profundamente sensible, generoso, liberado, y con una gran capacidad de amar.

Muchos de tus compañeros, al mirar a una persona así, verán un ser odioso y no habrá quien les saque de ahí. No puedo reprocharles nada: todos sabemos el malestar que generan las personas «tóxicas». Pero entiende que la mirada de odio no beneficia a nadie.

Te propongo que vayas por delante de ese planteamiento tan fácil como inmovilista, y que seas capaz de ver al niño llorando que está bajo las capas y disfraces que se pone la persona «tóxica». Será una mirada más justa, más amplia y más compasiva. Y desde luego beneficia a todos, empezando por ti.

P.D.- Tras leer este capítulo, si tu jefe se enfada y «tiemblan las paredes», si tu compañero hace una crítica destructiva y «rabiosa» contra alguien, o si otro compañero llora amargamente en el cuarto de baño de la oficina, no te «vengas arriba» y saques su árbol genealógico para demostrar que tiene un trauma infantil. Puede ser que, simplemente, tenga un mal día o esté ejerciendo su derecho a enfadarse. Será lo más normal.

3.3. Los problemas más frecuentes en el trabajo

> «EL ÉXITO NO ES DEFINITIVO.
> EL FRACASO NO ES FATÍDICO.
> LO QUE CUENTA ES EL VALOR
> PARA CONTINUAR».
>
> WINSTON CHURCHILL

La llamada de atención del jefe de la empresa anterior acabó convirtiéndose en un problema en el que, hubiera presión o no, todo el equipo se sentía terriblemente presionado.

Cuando un colectivo de la empresa entra en una realidad negativa, el *zoom* mental de cada persona se dedica a enfocar al lugar desagradable, y entra en un bucle en el que se magnifica la percepción de malestar. Llegados a este punto, no hay razones ni objetividad que valgan: la percepción trabaja para apoyar lo negativo que hay en la situación, y hasta las mejores acciones de la empresa o la dirección son decodificadas en términos de interés prostituido, hipocresía, o directamente son ninguneadas.

Haga lo que haga la empresa por el bienestar de los empleados, no funciona. Incluso puede resultar contraproducente, como aquella empresa de refrescos que abanderaba la felicidad hacia el exterior, mientras atravesaba un Expediente de Regulación de Empleo.

Se generan, entonces, «camaradas de negatividad», y se acaban formando aquelarres donde los ilusionados o neutrales sólo vienen a «aguar la fiesta».

Aunque parezca mentira, lo de menos es el problema que generó el malestar general. Cuando se ha hecho bola, mejor agarrarse y aguantar las curvas, pues si cunde el pánico hay poco que hacer. Incluso uno mismo se sorprende participando en algún aquelarre «sin comerlo ni beberlo»… Juegos «de niños» que no benefician a nadie.

Por tanto, hay que trabajarse desde dentro para que, cuando aparezca un problema, nosotros mismos seamos capaces de regularnos internamente para encontrar el equilibrio, y a la vez seamos el adulto que no siembra el odio a su alrededor.

Ni el débil ni el psicópata: lo sano es esforzarse para ser un profesional fuerte

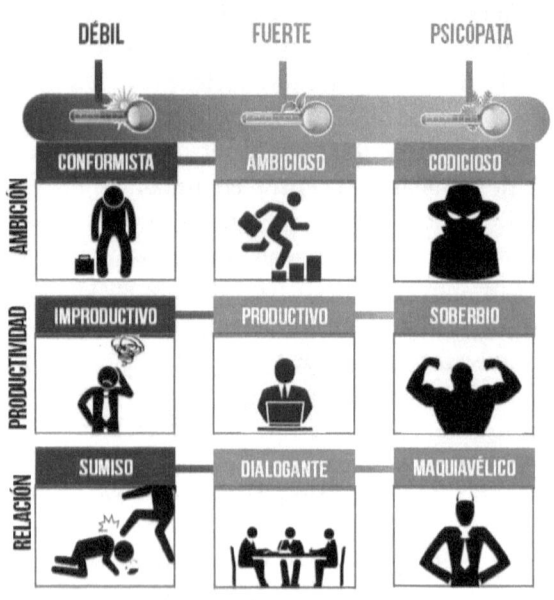

Cada día me cuentan problemas profesionales de distinta naturaleza. En apariencia, parecen distintos entre sí (y es cierto que cada uno tiene sus matices), pero después de escuchar a miles de personas y analizar miles de problemas, puedo resumir los problemas en el trabajo en cinco:

1.- Estrés.
2.- Desmotivación y apatía.
3.- Cambios en el puesto o en la empresa.
4.- Conflictos con otras personas.
5.- El jefe.

3.3.1. Problema 1: Estrés

- «Tengo demasiado trabajo: no puedo más».
- «No duermo por las noches por culpa del trabajo».
- «Estoy agotado, saturado. Necesito descansar».
- «No aguanto tanta presión».
- «Me está matando tanta responsabilidad».
- «Dicen que no doy la talla, y ya no sé qué hacer».

Si piensas o dices alguna de estas frases, cuidado. Cuando hablamos de estrés, nos referimos a la sobrecarga de trabajo, presión, exceso de responsabilidad, jornadas agotadoras…

Según la OIT (Organización Internacional del Trabajo), «el estrés es la respuesta física y emocional a un desequilibrio en la percepción de una persona sobre la exigencia de la empresa, y los recursos personales para hacer frente a esta exigencia».

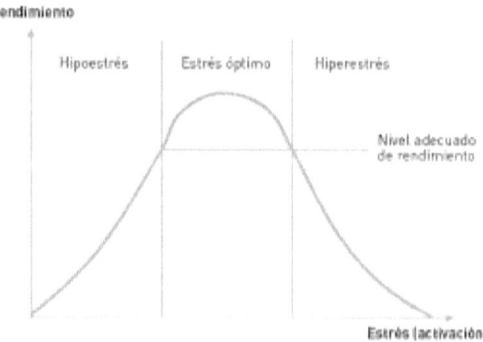

La famosa curva de rendimiento afirma que un nivel de estrés moderado es positivo para el rendimiento. Los actores de teatro, de hecho, dicen que es bueno sentir cierta activación nerviosa minutos antes de salir a escena.

El problema viene cuando el nivel de estrés es tan elevado que hace que el rendimiento decaiga. El «estrés óptimo» es el que tenemos cuando trabajamos con energía, prisa, «garra», rumbo e ilusión. Pero superado ese punto, el estrés es sin duda incapacitante. No siempre podrás elegir, pero te recomiendo huir de los que te invitan a abrazarlo.

Pero es cierto que a muchas personas les compensa renunciar a su bienestar por ganar mucho dinero, aumentar su poder, mejorar su posición jerárquica, o tener visibilidad profesional.

Aunque ya no estemos en los rabiosos ochenta (donde el estrés era lo esperable), los estresados actuales siguen teniendo algo magnético y atractivo, para qué nos vamos a engañar. Tienen muchas cosas que hacer, aportan valor al mundo, son relevantes, competentes, e interesantes. La trampa del estrés es que no nos gusta sufrirlo, pero nos envuelve de importancia.

Podríamos hablar durante horas tras hacernos esta pregunta: ¿hasta dónde compensa el estrés del trabajo?

Que cada uno elija lo que más le convenga, quiera o necesite. Eso sí, elegir ~~el dinero, el poder, la posición o la visibilidad~~ el estrés tiene consecuencias que nuestra vida manifestará con síntomas más o menos visibles. Además, nuestra propia importancia nos hará entrar en una rueda vital parecida a la de la jaula de un *hámster*: no veremos más allá del dinero, el poder, la posición y la visibilidad.

Por eso vuelvo a preguntarte: ¿hasta dónde te compensa el estrés del trabajo?

3.3.2. Problema 2. Desmotivación y apatía

- «Estoy quemado».
- «Tengo problemas para conciliar».
- «Todo esto no me compensa, no tiene sentido».
- «He fracasado».
- «No me valoran lo suficiente».
- «Lo doy todo por esta empresa, y ni me lo agradecen ni lo reconocen».

Apatía, decepción profesional, incumplimiento de expectativas, no valoración del trabajo, bajo desempeño, estancamiento en la empresa…

Los factores que producen desmotivación pueden tener distintos orígenes: un problema familiar, desajuste persona-puesto, expectativas no cumplidas, o incluso exceso de estrés que acaba por derrotar a la persona.

La desmotivación puede ser el origen o la consecuencia de una situación. En cualquier caso, suele terminar en el concepto de «dimisión interior» creado por Iñaki Piñuel, psicólogo, ensayista, investigador y profesor de Organización y Recursos Humanos en la Facultad de Ciencias Empresariales y Ciencias del Trabajo de la Universidad de Alcalá.

3.3.3. Problema 3. Cambios en el puesto o en la empresa

- «Me han degradado».
- «Mi empresa se ha fusionado con otra».
- «Están reduciendo plantilla».
- «Han hecho una reestructuración y he salido perdiendo».
- «Me han dado una responsabilidad excesiva».
- «Me han desplazado de mi ciudad sin preguntarme».
- «Mi puesto de trabajo ya no tiene sentido».

Fusión entre empresas, cambios de organigrama, degradación de rol, ascenso excesivo...

No podemos negarlo: la primera reacción ante un cambio es el rechazo. El ser humano se resiste a cambiar, incluso cuando es a mejor: «¿sabré hacerlo?», «no sé si merezco tanto», «con lo cómodo que estaba...» Aunque aceptamos mejor el cambio positivo que el negativo, lo cierto es que nos desestabiliza.

En la actualidad, la flexibilidad personal es un valor en alza en las empresas. El mundo avanza a la velocidad del rayo, y las organizaciones ~~quieren~~ necesitan empleados capaces de navegar hacia el norte en enero, y hacer un viraje al sur en febrero. Ser agente de cambio en cualquier empresa es el valor más cotizado en la actualidad.

Y nosotros con estos pelos...

3.3.4. Problema 4. Conflictos

- «Mis compañeros no cuentan conmigo para nada: me siento excluido».
- «En mi empresa hay mal ambiente».
- «Este tío es un jeta».
- «Ésta no viene aquí a trabajar, sino a hacer *pasilleo*».
- «Mi compañero se apropia de mi trabajo y se cuelga mis medallas».

Problemas con personas del entorno laboral, aversiones personales, difamaciones, violencia, *mobbing*...

Los problemas con compañeros son un virus tan frecuente como la gripe, pero según el grado de conflicto y vulnerabilidad personal, tienen distintas secuelas personales y consecuencias organizativas, que oscilan desde una simple incomodidad hasta un incapacitante estrés postraumático en casos de violencia, *mobbing* y otras formas de acoso.

Que las empresas son «patios de vecinas» no es nuevo para nadie. De hecho, lo que se cuece en los pasillos de la oficina suele tener mayor calado que las actas de muchos comités.

La dinámica del *pasilleo* no es muy distinta de lo que se ve en el patio de primaria de un colegio: decenas de niños llorando, juguetes robados, objetos abandonados, peleas por retener la pelota, bandos, infinidad de pleitos banales y, sobre todo, muchas, muchas rabietas.

No subestimes el impacto que los conflictos personales pueden tener en el trabajo y las emociones de una persona. Pueden derribar torres muy altas.

3.3.5. Problema 5. El jefe

- «Mi jefe me llama los domingos».
- «Es insoportable».
- «Mi jefe me está amargando la vida».
- «Mi jefe es el problema».
- «Es un incompetente».

Ay… El jefe. Podríamos escribir una biblioteca hablando del binomio jefe ~~subordinado~~ colaborador, y seguirían quedando temas pendientes. Si me hubieran dado un euro por cada situación que me han contado de malestar con un jefe, podría invitarte a mi yate. Pero no.

En la vida profesional, nos enfrentamos a distintas probabilidades de encontrarnos (o estrellarnos) con distintos tipos de jefe:

- La probabilidad de tener un jefe excelente es, aproximadamente, de un cinco por ciento (ese jefe que tiene interiorizada la trascendencia de su rol y deja la huella imborrable del maestro).
- La probabilidad de tener un buen jefe, es de un diez por ciento (el que siempre se recuerda con afecto y admiración).
- La probabilidad de tener un jefe normal, es de un cincuenta por ciento (es bueno a veces, exigente en ocasiones, a veces pesado: un jefe humano sin más, con sus virtudes y defectos y al que más nos vale aceptar como es).
- Tenemos una probabilidad de un veinte por ciento de tener un jefe malo (indiferente con nosotros, emocionalmente incompetente, sobreactuado, poco persistente, *kamikaze*…).
- Finalmente, tenemos una probabilidad de un quince por ciento, aproximadamente, de tener un jefe

psicópata. Si te encuentras con uno de éstos, corre. Corre y no pares hasta que en la señal ponga «Bienvenido al Polo Sur».

Te explico por qué.

En 2016, varios altos cargos de una multinacional francesa fueron juzgados por su conducta amoral. Se les relacionaba directamente con la ola de suicidios de sus empleados entre 2006 y 2009, como consecuencia de su política brutal de reestructuraciones: suprimieron veintidós mil puestos de trabajo y desplazaron de sus ciudades a diez mil trabajadores.

Estas crueles condiciones provocaron que, en tres años, más de cincuenta empleados se suicidaran. La política de su CEO fue crear un clima laboral de presión asfixiante, que él mismo revelaba con sus palabras: «De esta empresa debe irse mucha gente: se irán por la puerta, o se irán por la ventana».

El presidente de otra empresa tecnológica convenció en charlas multitudinarias a los empleados para que compraran acciones, mientras iba a su despacho a venderlas. Llevó a la empresa a la bancarrota.

La cultura popular tiene asimilado el estereotipo del psicópata como asesino en serie, y no es así. Los jefes psicópatas tienen un trastorno del espectro narcisista, y creen que las normas morales están hechas para los demás. No tienen empatía y toman decisiones frías basadas en objetivos materiales e individualistas.

Un artículo publicado en 2016 en la página web de Forbes, expone la investigación realizada por Nathan Brookes, de la Bond University (Australia). Nada menos que el 21% de los CEO analizados tenían rasgos psicopáticos significativos. Son rasgos fáciles de identificar, pero nadie pregunta por ellos en una entrevista de selección.

Para llevar a cabo esta investigación analizaron a más de doscientos altos ejecutivos y directivos estadounidenses, para concluir que uno de cada cinco de ellos presenta altos niveles de psicopatía clínica.

El resultado es sorprendente si se compara con el resto de la población, ya que solo una de cada cien personas padecen trastorno psicopático.

El propio Brookes ha definido a este tipo de jefe en el diario *The Australian*: «Estamos hablando de alguien que realmente lucha para dominar a los otros. No tienen buenos modales, son crueles e insensibles. Además, carecen de conciencia social y solo piensan en su propio interés». Por otro lado, «suelen ser personas que buscan el éxito a corto plazo, en ocasiones encantadoras y extravagantes, rasgos que les allanan el camino al triunfo rápido».

La proporción de psicópatas entre los CEO es, además, prácticamente la misma que la de los presos de una cárcel. De hecho, el doctor en psicología Robert Hare, profesor emérito de la universidad British Columbia y autor del brillante libro sobre psicopatía directiva *«Snakes in Suits»*, afirma que «si no hubiera estudiado a los psicópatas en prisión, lo habría hecho en la bolsa de valores».

Clive Boddy, profesor de la universidad inglesa Middlesex, indica que «la crisis convirtió a las empresas en caldo de cultivo para directivos psicópatas». Doy fe.

Hace unos días, un amigo me contaba como el director general de una empresa española mediana, dijo claramente la frase que representa este estilo: «Mis empleados trabajan, de acuerdo. Pero no los veo morir».

Si tu jefe manifiesta falta de empatía, abusa de la mentira, es superficial en su estilo, muestra crueldad sin remordimiento, o tiene historial violento, es posible que sea un psicópata, y que confluyan en él los elementos de la «Tríada oscura de la personalidad»: narcisista, psicópata y maquiavélico.

Date un paseo por las series *«House of Cards»*, *«Billions»* o *«Scandal»*. Se retrata este perfil con brillante pericia.

La mala noticia es que por mucho que la empresa

implante proyectos millonarios dirigidos a tu felicidad, tienes una probabilidad nada despreciable de estrellarte contra un jefe psicópata.

Si tienes la mala suerte de dar con uno: corre, amigo, corre. Hasta la señal del Polo Sur. Y no tengas miedo, que allí también puedes encontrar trabajo.

4. Qué es el «Modo Yo»

> «CUANDO NO SOMOS CAPACES DE CAMBIAR UNA SITUACIÓN, NOS ENFRENTAMOS AL RETO DE CAMBIAR NOSOTROS MISMOS».
>
> VIKTOR FRANKL

Son muchos los problemas a los que nos enfrentamos en nuestro trabajo, pero hemos visto que podemos agruparlos en cinco. Cada uno de ellos requiere una gestión diferente y, por tanto, tiempo y recursos.

Son muchas las personas que veo atrapadas «en la ratonera» de sus emociones, y cada una de ellas tiene una personalidad y circunstancias específicas. Es decir, hay un problema para cada persona, lo que significa que no podríamos nunca encontrar un sistema que solucionara el malestar «de un plumazo». Somos un gigantesco telar donde hay tejidos millones de personas con infinidad de duelos, dilemas y conflictos.

Poner el foco sobre nuestros problemas es una tarea peligrosa porque éstos son muy agradecidos: lleva «al gimnasio» a tus problemas, y en seguida se harán «culturistas» en tu cabeza y tu corazón, hasta el punto de hacerte su prisionero. Qué quieres, son mucho más fuertes que tú.

Sólo hay una fórmula para construir un muro de

hormigón frente a tus problemas, perfectamente expresada en la frase de Viktor Frankl que encabeza este capítulo: «Cuando no somos capaces de cambiar una situación, nos enfrentamos al reto de cambiar nosotros mismos».

En esto consiste el «Modo Yo», en protegerse ante cualquier problema profesional, independientemente de su naturaleza, de su gravedad o de la intensidad con que lo percibes.

4.1. La pregunta clave

> «POR ENCIMA DE TODO,
> SÉ EL HÉROE DE TU VIDA,
> NO LA VÍCTIMA».
>
> **NORA EPHRON**

Miguel Ángel Martínez, compañero de profesión y buen amigo, suele lanzar una pregunta a los participantes de sus cursos de formación. Me permito hacer lo mismo contigo:

¿Cuáles son las cinco cosas más importantes de tu vida? Piénsalo despacio, escríbelo si lo necesitas.

1. .....
2. .....
3. .....
4. .....
5. .....

¿Ya lo tienes?, es muy probable que hayas elegido los *big five*: salud, familia, amigos, trabajo, aficiones. Así está bien, pero, ¿y si te digo que has olvidado algo fundamental?

La gran mayoría de las personas olvidamos escribir lo más importante en la vida de cualquier persona: uno mismo. Hemos olvidado escribir en la lista la palabra más importante: «Yo».

4.2. La gran ausente en los temarios de la universidad

> «LA CLAVE DE LA EDUCACIÓN NO ES ENSEÑAR, SINO DESPERTAR».
>
> JOSEPH ERNEST RENAN

No puedo decir con exactitud qué ciudad fue, porque fueron más de treinta las que visitamos. Digamos que sucedió en Santander, aunque pudo haber sido Málaga, Burgos o La Coruña.

Diez médicos me miraban atónitos mientras les explicaba las ventajas de empatizar con sus pacientes, con el fin de gestionar sus emociones durante una consulta de diez minutos, y facilitar así tanto la adhesión al tratamiento como la evolución de la enfermedad.

Si un paciente se siente enfermo, su enfermedad empeorará. Lamentablemente, no siempre se curará si se siente sano, pero sin duda facilitará la eficacia de cualquier tratamiento.

Hablábamos de estos temas en torno a una patología crónica que afecta a seis millones de españoles, que sufren a diario unas consecuencias emocionales erosivas y desmoralizantes.

«No sabía que los pacientes sufrían tanto: nunca me había puesto en su lugar con la perspectiva de sus emociones, y no sabía que mi capacidad de empatizar con ellos tenía tanta influencia», decía siempre alguno del grupo.

Avanzado el taller de formación, algún médico, sin excepción, decía las palabras mágicas: «ojalá en la universidad hubiera una asignatura que enseñara todo esto: nuestra profesión sería más completa».

En este ejemplo eran médicos, pero podemos aplicarlo prácticamente a cualquier profesión: ojalá en la universidad hubiera una asignatura que nos enseñara a *autocontrolarnos*, y a gestionar las emociones de las personas con las que trabajamos.

Todas las profesiones tienen sus «situaciones *warning*» (situaciones «de peligro»), y en todas se requieren unas habilidades emocionales específicas ante las emociones negativas más frecuentes. Fíjate en los ejemplos de la tabla:

PROFESIÓN	SITUACIONES «WARNING» MÁS FRECUENTES	EMOCIONES NEGATIVAS MÁS FRECUENTES
Abogado	Casos impactantes, miedo escénico, pérdida de casos, agresividad de clientes…	Desconfianza, alerta, ansiedad, hostilidad, impotencia…
Albañil	Accidentes, clima (frío o calor), trabajo físico, presión, agresiones…	Apatía, resignación, agotamiento, angustia, miedo, desesperación…
Arquitecto	Retrasos, problemas con trabajadores, desfase de costes…	Angustia, sobresalto… inquietud, impotencia, ansiedad, indignación,
Agente de bolsa	Pérdidas millonarias, jornadas interminables, errores inesperados, fallos	Angustia, ansiedad, conmoción, desconcierto, sobresalto, pánico,

		personales...	impotencia, culpa...
	Camarero	Gran afluencia o saturación del comedor o barra, quejas y reclamaciones, errores...	Ansiedad, inquietud, pereza, vergüenza, injusticia, hostilidad, intranquilidad...
	Conserje	Quejas de clientes, agresiones, horas inactivas...	Aburrimiento, apatía, decepción, miedo, resignación...
	Director general	Malos resultados de la empresa, conspiraciones, cesiones, ataques, humillación pública...	Alerta, impaciencia, exasperación, traición, venganza, vergüenza, celos, soledad...
	Diseñador gráfico	Críticas al trabajo, vacío creativo, fracaso...	Culpa, angustia, vergüenza, fastidio, impotencia...
	Economista	Errores numéricos, entrega errónea de datos, descuadres...	Hastío, angustia, culpa, remordimiento, inquietud...
	Enfermería	El sufrimiento ajeno, agresiones de pacientes, impaciencia de los médicos, turnos de noche...	Agotamiento, ansiedad, culpabilidad, miedo, angustia, impotencia, inquietud, asco...
	Médico	Los miedos del paciente, fallos diagnósticos, comunicación de malas noticias, muerte, no curación, denuncias...	Suspicacia, culpa, impotencia, desprecio, angustia, rabia, lástima...
	Periodista	Críticas, amenazas, noticias indocumentadas...	Alerta, angustia, inseguridad, pánico, hostilidad, odio...
	Político	*Meeting* político,	Desprecio,

	críticas, mala prensa, amenazas, fracaso electoral…	humillación, suspicacia, soberbia, angustia, alerta, avaricia, odio, rencor, venganza…
Programador	Fallos inesperados, críticas, errores con graves consecuencias para la empresa…	Alerta, confusión, desconcierto, culpa, impotencia, inquietud, rabia…
Psicólogo	El dolor emocional de los pacientes, violencia y agresividad, proyecciones, impacto del dolor ajeno…	Culpa, desprecio, pánico, inseguridad, espanto, vacío, impotencia, lástima…
Recepcionista y vendedor de tienda	Quejas de los clientes, demandas excesivas, peticiones, multitarea, robos, amenazas…	Fastidio, humillación, vergüenza, sobresalto, incredulidad, angustia, inseguridad, pánico, cólera…
Secretaria de dirección	Errores de agenda, mal filtraje de llamadas, respuestas inapropiadas, errores en el trabajo…	Irritación, alerta, recelo, intranquilidad, suspicacia, vacío, resentimiento…
Taxista	Impagos, violencia, amenazas, agresividad…	Confusión, sobresalto, humillación, pánico, suspicacia…
Veterinario	Ataques de animales, fallos diagnósticos, errores en el tratamiento, muerte…	Alerta, culpa, impotencia, angustia, lástima…

¿Cómo gestionan estos profesionales los «dolores» más frecuentes de su profesión?: lo hacen como pueden, y bastante bien lo hacen.

La formación superior actual, que incluye universidades y escuelas de negocios, es extraordinaria en variedad y calidad. Percibo una clara evolución en la calidad de la enseñanza en los últimos años, es asombrosa la cantidad de carreras universitarias y especialidades que se pueden elegir, y bajo una calidad formativa espectacular: aprendizaje colaborativo, prácticas, metodologías adaptadas a los contenidos… Debo decir que tengo pocas reservas con la calidad de la educación superior en España.

De hecho, IESE Business School, IE Business School y ESADE, tres escuelas de negocios españolas, están entre las veinticinco mejores del mundo por sus programas EMBA, según el ranking «QS» de 2018. Casi nada.

Pero tanto las universidades como las escuelas de negocios tienen un *gap* fundamental: sólo nos preparan para mirar hacia fuera, y sólo en un porcentaje muy residual nos preparan para mirarnos hacia dentro, cuando lo cierto es que existe una relación directa entre el éxito profesional y el *autoliderazgo.*

Solamente las empresas, con sus prósperas universidades corporativas y sus sesudos planes de formación, han integrado en su oferta diversas formas de gestión emocional: autocontrol, liderazgo emocional, gestión del compromiso, cohesión de equipos, dirección por valores…

La razón es que «más sabe el diablo por viejo que por diablo», es decir, las empresas han entendido que cuanto mejor sepan sus empleados lidiar con las emociones propias y ajenas, más beneficio se generará para todos.

Y aunque no dejan de ser programas colectivos puntuales que generan interés en los *believers* e irritante ironía en los *haters*, debo decir que es un avance.

Un avance que hace que, de vez en cuando y durante unos días, sienta un amor profundo por esta profesión. Pero vamos: luego vuelvo a ser normal.

4.3. ¿Por qué los niños no «tienen que» compartir sus juguetes?

> «SI CADA UNO BARRIERA DELANTE DE SU PUERTA, ¡QUÉ LIMPIA ESTARÍA LA CIUDAD!».
>
> PROVERBIO RUSO

Se aprende mucho observando a los niños jugar. Cuando lo hago, siempre concluyo que el comportamiento de los adultos es el mismo que el de los niños, sólo que se ha ido sofisticando con los años para que no resulte ridículo en alguien de metro ochenta. Quita un poco de aquí y añade un poco allá, pero son comportamientos primos hermanos.

Cuando estoy en el parque o en algún lugar con niños, hay una frase de los padres que me llama poderosamente la atención. Cuando un niño se resiste a prestar un juguete a otro niño, uno de los dos padres se acerca erigiéndose en juez, y le hace un flaco favor al niño diciéndole una simple y contundente frase: «Hay que compartir».

El niño, que ya estaba mostrando explícitamente que no quería compartir, lanza una mirada de asesino en serie, y cede. Lo hace a la fuerza y sin entender por qué, sólo sabe que la autoridad y sus figuras de referencia, dicen la frase que acabará en el mantra vital «hay que compartir».

Nunca he estado de acuerdo con ese planteamiento. «Hay

que compartir» es una imposición, no una explicación. «Hay que» es una forma de «deberías», que en psicología se llama una «distorsión cognitiva». Es un imperativo, una ley acientífica, un mandato cuestionable que, en este caso, lamentablemente usamos para enseñar valores a los niños.

En lugar de decir «hay que compartir», quizá podamos plantearnos este mensaje: «estos son tus juguetes: un cubo, una pala y un rastrillo. Son tuyos, así que compártelos cuando tú quieras. Pero es cierto que, si no compartes, estarás tú solo. Puede que eso te guste un rato, pero suele ser más divertido jugar en grupo, ¿sabes por qué?: compartir tus juguetes con otros niños hace que ellos también compartan los suyos: ¡así podréis reunir muchos juguetes, y lo pasaréis en grande!». Sí, es más largo y requiere más tiempo, pero el mensaje que le llega al niño no tiene nada que ver: es un aprendizaje con sentido.

Del primer al segundo mensaje, el niño pasa de la rabia de la imposición, al aplomo que te confiere la libertad de elegir.

¿No nos pasa lo mismo de adultos?, ¿no estamos recibiendo continuamente mensajes que nos imponen un comportamiento social determinado?

Hagámonos más preguntas, y siempre considerando que no estemos cometiendo un delito legal:

- ¿Es malo pensar en uno mismo antes que en los demás?
- ¿«Tenemos que» ayudar a quien lo necesita?
- ¿«Debemos» mostrar mucha y profunda preocupación por los dolores ajenos?
- ¿«Tenemos que» ser generosos?
- ¿«Tenemos que» cooperar amablemente con personas del trabajo que entorpecen nuestra productividad?
- ¿«Tenemos que» gustar al mayor número de personas posible de nuestra empresa?

- ¿«Debemos» callar lo que sentimos, por si alguien se siente ofendido?

Seguramente hayas pensado como hacemos la mayoría: «A ver... Es que es así, si no, esto sería un caos de egoísmo y maldad». Es cierto que estas cuestiones cumplen una función social sin la cual viviríamos en «ciudades sin ley»: es cierto, necesitamos algunos códigos morales para convivir con los demás.

Pero hablamos del extremo, de cómo hemos interiorizado estas cuestiones sin hacer ninguna reflexión.

¿Cuál es la respuesta al porqué de estas preguntas que nadie suele responder, y que nos genera tanta angustia?, la misma respuesta que el niño anticipa en su cabeza ante la idea de no prestar la pala: «porque si no lo hago, seré un niño malo y me rechazarán: mi mamá no me querrá».

Bien. Supera eso.

¿Qué pasa si defendemos las preguntas anteriores? que estaremos defendiendo el egoísmo, y «no podemos hacer semejante atrocidad».

La RAE define el egoísmo como el «inmoderado y excesivo amor a sí mismo, que hace atender desmedidamente al propio interés, sin cuidarse del de los demás». Una definición llena de trampas: «inmoderado», «excesivo», «desmedidamente», y «sin cuidarse».

Una redacción impecable, pero un contenido psicológicamente tramposo porque, ¿qué ley, organismo, o religión pone la medida del egoísmo? ¿Por qué alguien dice que otro tiene un interés desmedido por sí mismo, y qué interés tiene en ello el propio acusante?, ¿cuándo el amor por uno mismo es excesivo?; el egoísta, ¿no cuida el interés de los demás, o será que el acusante quería quedarse con todos «sus juguetes» y por eso le condena a la difamación?

Son preguntas que no solemos hacernos, pero, al lanzarlas en una sesión de *coaching* o de formación, la gente suele despertar a una nueva realidad: comprenden que han estado pensando de forma lineal y dicotómica, porque en algún momento de su vida se tragaron el perverso «hay que compartir». Uno acaba poniéndose el último en la fila de su vida, poniendo delante de sí mismo los intereses de su madre, de su padre, de sus hermanos, de sus hijos, de su pareja, de su jefe, de sus compañeros... Y de todos. Por la sencilla razón de que «hay que compartir», «hay que ayudar», y «hay que dar». Sin más. «Hay que» hacerlo sin cuestionarse nada.

En este caso, uno se esfuerza tanto por «ser bueno», que acaba mendigando el reconocimiento y afecto de los demás, y el problema es que la generosidad no suele ser recíproca: si nos convertimos en *ninjas* de la entrega, acabamos dejando a los demás hambrientos y con ganas de más, y acabamos cayendo en el servilismo. Nos acaban exigiendo más, de forma aleatoria y totalmente interesada. «Tienes que darme lo que quiero... o te rechazaré». Y el rechazo es una estaca directa al corazón, una de las peores emociones que podemos sentir como seres humanos.

Hagamos lo que hagamos, alguien nos juzgará. Digamos lo que digamos, alguien discrepará. Podemos tener la mejor de las intenciones, que alguien, seguro, encontrará una intención maligna debajo. Escuché este verso en la radio, que refleja muy bien el efecto que causamos comportándonos como somos:

«Odio.

Ayer, por lo que callabas; hoy, por lo que decías.

Ayer, porque me mirabas; hoy, porque no me miras».

Veo muchas personas frustradas por algo que parece tan obvio, personas exhaustas intentando satisfacer a sus personas queridas, a sus jefes, a sus compañeros. Y siempre lo hacen por un pánico inconsciente al rechazo y al abandono, por haber asumido sin más los «hay que» y «tienes que» de la vida.

Para no caer en estas trampas, tenemos una única salida: ocuparnos de limpiar el interior de «nuestra casa» y que nos quede impoluta: la generosidad, el valor, la entrega y el amor a los demás vendrán solos. Y si nos rechazan, no nos gustará, pero sufriremos menos porque dependeremos, principalmente, de nosotros mismos.

Al final, «compartir nuestros juguetes» saldrá del corazón, no de la imposición de unas leyes que nunca nos paramos a analizar en profundidad.

4.4. ¿Tienes dos minutos?

> «TU TIEMPO ES LIMITADO, ASÍ QUE NO LO MALGASTES VIVIENDO LA VIDA DE OTRO... VIVE TU PROPIA VIDA. TODO LO DEMÁS ES SECUNDARIO».
>
> STEVE JOBS

Antes de responder a la pregunta del título, voy a hacerte otra: ¿Cuándo contratarías un *coach* para ayudarte a gestionar tus problemas en el trabajo?, elige tu respuesta:
- A. Ahora mismo, pero no tengo presupuesto para ello.
- B. Ahora mismo, pero no tengo tiempo para ello.
- C. A y B son ciertas.
- D. Me gustaría hacerlo y seguramente me ayudaría, pero los problemas que tengo no son para tanto: puedo con ellos yo solo.
- E. Nunca contrataría un coach, no me interesa.

No sé qué opción has elegido, pero déjame que te explique mi experiencia con las cinco respuestas:
- A. De las personas que dicen que no tienen presupuesto, hay dos grupos:
   1. Las que realmente no tienen presupuesto. En este caso, espero que este libro te ayude.
   2. Las que sí tienen presupuesto, pero priorizan otros gastos al *coaching*. Este grupo sigue quejándose en la oficina, y con mucho estrés y

malestar... Pero prefieren una buena cena, un bolso nuevo u otros gastos más interesantes para ellos.

B. Las personas que dicen no tener tiempo para recibir ayuda en la gestión de sus problemas necesitan mucha ayuda para la gestión de sus problemas.

C. Las personas que dicen no tener tiempo ni presupuesto para recibir ayuda, pueden estar cerrándose a esta posibilidad de manera irracional.

D. La mayoría de las personas eligen esta opción, y realmente es la más honesta: primero la razón, y luego los recursos. El presupuesto es un tema aparte (y a veces la mejor excusa), pero quien quiere tener tiempo para algo, lo encuentra.

E. Igual que en la respuesta C, probablemente las personas que eligen esta opción estén cerrándose a esta posibilidad de manera irracional.

Si afirmamos que los profesionales de hoy tenemos poco tiempo libre, no aportamos nada nuevo a la humanidad. Nuestros minutos son bienes muy valiosos y nos hemos convertido en malabaristas del reloj. Nada nuevo.

Pero como decíamos en capítulos anteriores, hay seis millones de personas con estrés que no han aprendido a regularse en la universidad, ni han nacido sabiendo cómo hacerlo. Y no sólo hablamos de estrés, sino de otros problemas psicológicos que necesitan ser gestionados.

Aunque nos gusta mantener nuestro cuerpo a punto, no tenemos costumbre de «mantenernos emocionalmente en forma». Sólo buscamos ayuda cuando el problema o las consecuencias se nos echan tan encima que no podemos escapar.

Tras muchos años tratando de argumentar las ~~poderosas~~ poderosísimas razones por las que nos conviene hacer «gimnasia de mantenimiento emocional», he decidido rendirme a la evidencia: la gente sólo está dispuesta a invertir tiempo y dinero en su autogestión emocional cuando le ha pasado algo traumático.

Cuando intento enseñar técnicas de autocontrol emocional a mis clientes, la reacción suele ser la misma: «me gusta lo que me explicas, creo en ello y me gustaría hacerlo, pero no ~~quiero invertir~~ tengo tiempo para hacer todo esto».

Así que me he las he visto estrechas para enseñar a mis clientes a autorregularse ante sus problemas en el trabajo, y que inviertan en ello el menor tiempo posible. Tanto me he preocupado por que el tiempo sea mínimo, que ha llegado a ser una obsesión, porque sé que es el factor tiempo lo que puede marcar la diferencia entre el éxito y el fracaso de las sesiones.

La psicología, como el deporte, requiere tiempo. Si alguien quiere fortalecer sus piernas, por mucho que entrene duro dos días seguidos, no va a conseguir más que unas molestas agujetas. Para obtener resultados, tendrá que entrenar de forma continuada, y el cambio será tan progresivo que resultará difícil decir «lo he conseguido», porque según avanza el entrenamiento, los objetivos suelen cambiar. No suele haber un punto de llegada en el que la persona diga «ya estoy en forma».

Con la gestión emocional sucede lo mismo. Sabemos cómo empezamos, pero el punto de llegada es difícil de determinar: empezamos, nos esforzamos, y cuando tenemos todas las respuestas, de repente cambian todas las preguntas y el objetivo se mueve de sitio.

El entrenamiento deportivo persistente hace que un día, de pronto, hagamos un trabajo físico que antes ni siquiera nos planteábamos. Ese logro, que al principio era la meta, nos genera cierta satisfacción, pero se disipa rápido porque ahora queremos más: la meta, ahora, es otra. Ya estamos en forma, en otro estado físico, y desde ahí las cosas se han vuelto diferentes: me siento más poderoso, más capaz, más fuerte. Esa es la buena noticia. La menos buena es que esto sólo se consigue con tiempo y esfuerzo.

Igual que en el cambio físico, el tiempo es una variable clave para el cambio psicológico. Ni puedo... ni quiero negarlo. Si sientes malestar o tienes la necesidad de hacer un cambio psicológico, necesitas tiempo.

Ante la realidad de que pocas personas están dispuestas a hacer ese esfuerzo porque no sienten una necesidad imperiosa de hacerlo, he tenido que ingeniármelas para que mis clientes consigan el máximo cambio, invirtiendo en ello el menor tiempo posible. Se trata de hacerlo al mismo tiempo, en *time sharing* con tu trabajo, incluso que acabes haciéndolo en «piloto automático», sin detenerte prácticamente.

Es lo que Google ha denominado «micromomentos»: esos instantes en los que prácticamente no dejas de hacer lo que estás haciendo, y miras el móvil para buscar, localizar o comprar algo.

Te propongo lo mismo: «¿Tienes dos minutos?». Y añado:

¿Tienes un «micromomento» para autorregularte en el trabajo, lograr que los problemas no te arrasen, ponerte a tu favor y comportarte con equilibrio y determinación?

Como aún no he encontrado a nadie que haya dicho «no», trabajo con una metodología basada en los «micromomentos», que he terminado llamando el «Modo Yo».

4.5. Qué es y qué no es el «Modo Yo»

> «EL VERDADERO ACTO DE DESCUBRIR NO CONSISTE EN HALLAR NUEVAS TIERRAS, SINO EN VER LAS CONOCIDAS CON NUEVOS OJOS».
>
> MARCEL PROUST

Tenemos problemas en el trabajo porque nos ponemos en «Modo Empresa», y hemos visto que este modo es algo tramposo y bastante *tripolar*. Abducidos por el día a día, nos ponemos en un estado de tensión y alerta que puede llevarnos a distintos grados de estrés, ansiedad o malestar. Distintas formas de sufrimiento en el trabajo, que podemos aprender a regular aprendiendo a manejar dos o tres aspectos de nosotros mismos.

Para hacer un mínimo de «mantenimiento emocional» que te va a hacer percibirte a ti mismo y al entorno de forma distinta, te propongo ponerte en «Modo Yo» una vez al día (si son tres, mejor. De acuerdo, una, no te negocio más, aunque lo ideal son tres. Seis minutos al día, ¿de verdad hay que regatear?).

Bueno, acepto una vez: dijiste que tenías dos minutos, ¿no?

El «Modo Yo» es un estado en el que me pongo voluntariamente, para regular el malestar emocional que

me producen los problemas en el trabajo, o bien mantener el bienestar de mi día laboral.

QUÉ ES EL «MODO YO»	QUÉ NO ES EL «MODO YO»
1. Es un espacio de dos minutos que me dedico a mí mismo durante el día de trabajo. 2. Es un método de autorregulación emocional. 3. Es una conexión entre mis sensaciones corporales, mis emociones y necesidades. 4. Es una forma de ponerme a mí mismo en el primer lugar de «mi fila». 5. Es una nueva forma de mirarme, entenderme, protegerme y cuidarme.	1. No es un rato para pensar en mis cosas pendientes o dispersarme sin más durante el día de trabajo. 2. No es una técnica de relajación. 3. No es una forma de darme la razón de manera narcisista e irracional. 4. No es una excusa para ser egocéntrico, cruel o despiadado. 5. No es una forma adulta de tener una *rabieta*.

Para que un comportamiento se convierta en hábito, la literatura estima que es necesario repetirlo durante veintiún días. Para hacerlo fácil, pongamos un mes.

Para notar algún cambio, lo ideal es practicar el «Modo Yo» todos los días durante un mes, incluidos los fines de semana. Pero soy realista con los tiempos de las personas, así que te propongo un plan: haz lo que puedas, pero haz todo lo que puedas durante un mes.

Aunque esto no es una ciencia exacta ni mucho menos, y además dependerá de cada caso, si consigues ponerte en «Modo Yo» regularmente durante este plazo, se abrirá ante ti una realidad diferente que no te hace inmune al estrés, la angustia o ansiedad que provocan el «Modo Empresa», pero te hace más resistente a ellos.

Y este logro, para dos minutos al día, merece la pena.

5. Cómo ponerte en «Modo Yo» para regular un problema

> «LA PERSEVERANCIA ES LA VIRTUD POR LA CUAL TODAS LAS DEMÁS VIRTUDES DAN SU FRUTO».
>
> ARTURO GRAF

En este capítulo, vamos a ver la secuencia que debes seguir para ponerte en «Modo Yo» en un día de trabajo.

Si bien el tiempo que necesitas para autorregularte es de dos minutos, necesitas aprender algunos conceptos, y un período de aprendizaje y entrenamiento de un mes, aproximadamente, para empezar a considerarlo hábito.

Para ponerte en «Modo Yo» tienes que seguir tres pasos:
- **PASO 1.- conectar con el cuerpo.** La pregunta clave: ¿Qué siento en mi cuerpo y dónde, y qué diría esa sensación si pudiera hablar?
- **PASO 2.- detectar las emociones.** La pregunta clave: ¿Qué siento ante este problema que tengo en el trabajo?
- **PASO 3.- satisfacer las necesidades.** La pregunta clave: ¿Qué necesito, y cómo lo consigo?

Veamos los tres pasos en detalle.

5.1. Paso 1: Conectar con el cuerpo

> «TU CUERPO ES TEMPLO DE LA NATURALEZA. CONSÉRVALO SANO, RESPÉTALO, ESTÚDIALO. CONCÉDELE SUS DERECHOS».
>
> ARTURO GRAF

En la década de los sesenta, el filósofo experiencial y psicoterapeuta Eugene Gendlin, discípulo del brillante psicólogo humanista Carl Rogers, creó el concepto de *Focusing* después de investigar cientos de casos y observar cómo las personas que se ponían en contacto con sus sensaciones corporales concluían con éxito su terapia.

Focusing es un recurso emocional y un proceso de autoconciencia corporalmente orientado. Es el proceso de «enfocar» en el cuerpo y encontrar esa «sensación sentida» que todos tenemos en nuestro cuerpo, que sabe mucho de nosotros y de lo que nos pasa en una situación.

Nuestro cuerpo está continuamente enviándonos señales: <u>siempre</u> está hablando con nosotros, pero no estamos acostumbrados a escucharlo.

Por tanto, para aprender a escuchar, la primera vez que hagas este ejercicio siéntate en un lugar tranquilo y descruza las piernas. Puedes poner música tranquila de fondo si eso te ayuda a concentrarte.

Para esta primera vez, cierra los ojos y haz un «chequeo» corporal de unos cinco minutos. Tómate tu tiempo para recorrer tu cuerpo con la atención. Empieza por los pies, y sube por las rodillas, los muslos, la pelvis, la zona abdominal, el pecho, los hombros, los brazos, el cuello y la cabeza. Cuando lo hayas practicado unas cuantas veces serás capaz de hacerlo en unos segundos.

El objetivo del «chequeo» es responder a esta pregunta: «¿qué siento en mi cuerpo y dónde?», y encontrar así la zona de tu cuerpo que sientas diferente, más activa, tensa, agarrotada o, incluso, dolorida. Si no la encuentras, busca de nuevo. Habla con tu cuerpo y pregúntale qué sensaciones tiene, y dónde.

Hay personas que afirman no sentir nada. Como es evidente que siempre estamos teniendo sensaciones corporales, si llega este momento pongo un toque de humor, preguntando: «¿Sentirías algo si metieras los dedos en el enchufe?». Con esta pregunta, la persona se desbloquea y sigue con el ejercicio.

A veces me preguntan qué sucede si uno escucha su cuerpo y detecta un mensaje erróneo. Bien, para tu tranquilidad diré que esto no es posible. No hay mensajes erróneos, simplemente no existen. Si te haces la pregunta «¿qué siento en mi cuerpo y dónde?», y respondes, por ejemplo, «tensión en el cuello», esa es la respuesta correcta. Si respondes: «como si tuviera una pelota dentro del estómago», también es la respuesta correcta. Y si respondes: «siento aire circulando por el brazo, como si me estuvieran soplando por dentro», también. Uno no puede fallar haciendo este ejercicio, siempre se acierta porque es tu cuerpo y sólo tú puedes escucharlo. El único error que se puede cometer es no preguntar y escuchar al cuerpo.

Cuando hayas localizado la sensación, debes hacerte la siguiente pregunta: «¿qué diría esa sensación si pudiera hablar?». De nuevo, no hay reglas, pautas ni respuestas correctas. Simplemente, responde lo que crees que diría esa sensación si pudiera hablar.

Como esta pregunta suele resultar confusa, a

continuación te pongo algunos ejemplos:
- «Siento tensión en el cuello. Si esa sensación pudiera hablar, diría que no puedo con tanto trabajo».
- «Siento una bola de hielo en el estómago. Si esa sensación pudiera hablar, diría "tengo miedo"».
- «Siento como si me estuvieran apretando el pecho. Si esa sensación pudiera hablar, diría que me estoy asfixiando en este trabajo».
- «Siento dolor de cabeza. Si esa sensación pudiera hablar, diría que llevo un ritmo de trabajo demasiado intenso. No puedo con tanto».
- «Siento las piernas flojas. Si esa sensación pudiera hablar, diría "ten cuidado, estás a punto de explotar y gritarle a alguien"».

No tienes que esperar a sentir algo muy fuerte en el cuerpo para estar en conexión con él: conocer estas señales es fácil, te hablan a gritos.

Se trata de que detectes señales más sutiles, que pueden estar hablándote sin que tú las oigas. Ese es el verdadero origen de las somatizaciones: cuando sales de una reunión lleno de malestar y no adviertes que tienes el estómago «encogido» por el miedo; cuando tu jefe «tira por tierra» un documento que te ha llevado horas redactar, y no te das cuenta de que tus cervicales están «cargadas de ira»; o cuando reestructuran el departamento y no notas que llevabas días con las piernas pesadas por la tristeza, y acabas teniendo un resfriado intermitente durante meses, por la bajada de defensas que no viste venir.

Ese es el trabajo difícil: el que deberíamos hacer todos los días para conectar con nuestro cuerpo y nuestras emociones, y que nos «grita» lo que nuestra cabeza, tan adulta y ciega, se niega a escuchar.

Recuerda la pregunta clave: ¿Qué siento en mi cuerpo y dónde, y qué diría esa sensación si pudiera hablar?

5.2. Paso 2: Detectar las emociones

> «TE CONOCERÁS A TI MISMO CUANDO EMPIECES A DESCUBRIR EN TI DEFECTOS QUE LOS DEMÁS NO TE HAN DESCUBIERTO».
>
> **FRIEDERICH HEBBEL**

Estamos poco acostumbrados a escuchar a nuestro cuerpo y a conectar con él, pero menos aún lo estamos a escuchar, describir y gestionar nuestras emociones. Lo cierto es que no es tan complejo y es extremadamente útil: somos un puzle de emociones y necesidades; sólo hay que encontrar las piezas con dos o tres conocimientos clave. La vida entera es un juego de emociones y necesidades.

Sabemos cuándo tenemos emociones fuertes, pero nos cuesta definir nuestro mundo emocional en condiciones de aparente normalidad.

- ¿Qué sientes en una reunión de trabajo en la que estás callado?
- ¿Qué sientes en una comida con tu jefe?
- ¿Qué sientes cuando te sale bien un proyecto y te felicitan por ello?
- ¿Qué sientes cuando ascienden a tu compañero y a ti no?
- ¿Qué sientes al entrar en la oficina?

Seguramente, dirás: «no mucho, no siento nada especial». De nuevo, siento decirte que esto no es posible (¿probamos de nuevo con el enchufe?).

Siempre tenemos alguna emoción. Siempre. Es imposible no sentir nada. Y puesto que muchos de los problemas que tenemos en la vida se generan porque no sabemos identificar y describir lo que sentimos, es fundamental que aprendamos lenguaje y gestión emocional.

Por tanto, empecemos por el principio: las seis emociones básicas, alegría, tristeza, sorpresa, asco, miedo e ira. Como este libro pretende enseñarte a autorregularte, vamos a hablar, sobre todo, de las cuatro negativas (tristeza, asco, miedo e ira). La sorpresa se gestiona, pero es una «emoción puente», es decir, una emoción efímera que declina en una de las otras cinco. De la alegría hablaremos poco (sin ánimo de ser pesimista).

Las emociones nos informan de que algo está pasando en nuestro interior, y eso nos pone «en modo algo». Y ese «modo algo» necesita cosas. Veamos el ejemplo con la emoción de la alegría:

De las seis emociones básicas, la alegría es la única positiva. Tanto la alegría como sus emociones asociadas (admiración, alivio, aceptación…), nos informan de un **beneficio**, y éste nos pone en «modo **seguridad**».

Este es el esquema del funcionamiento de una emoción básica.

Veamos el resto en acción, abordando los problemas más frecuentes del trabajo.

5.2.1. Las emociones del estrés

Imagina que los problemas en el trabajo son una línea de metro donde las emociones básicas se cruzan. Generalmente, para cada uno de los cinco problemas principales hay una emoción básica principal, y una secundaria.

En el caso del estrés, la emoción principal es el miedo, y la ira suele ser la secundaria:

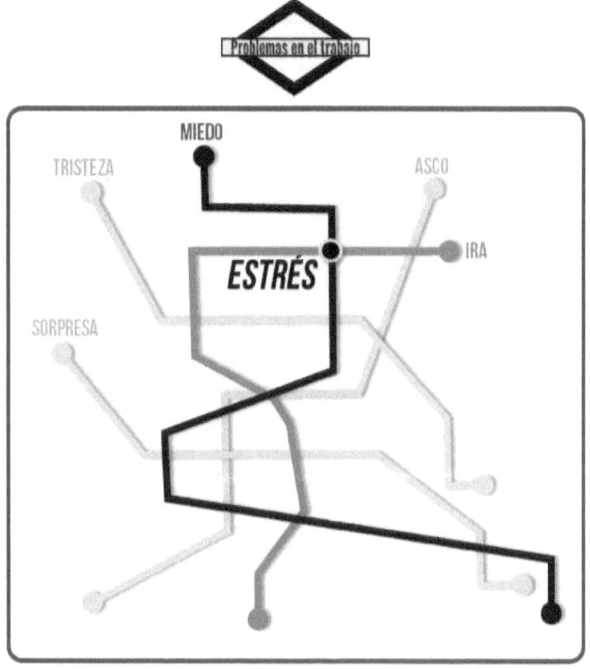

El estrés es la percepción subjetiva de no disponer de los recursos suficientes que requiere una situación.

Cuando padecemos estrés, estamos sintiendo miedo a no estar a la altura de lo que creemos que se espera de nosotros y, por tanto, vivimos las emociones asociadas: angustia, ansiedad, inquietud, inseguridad, desconfianza...

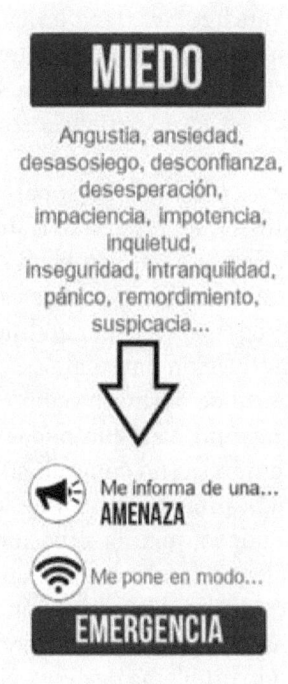

Podemos sentir estas emociones secundarias, pero la principal es el miedo. Teniendo este dato, nos resultará más fácil gestionarlo.

El miedo que sentimos en situación de estrés nos informa de una amenaza que nos pone en «modo emergencia» («no llego», «peligro», «no soy capaz», «socorro»).

Recuerda: el miedo es la emoción básica asociada al estrés, y suele ir acompañado de ira.

5.2.2. Las emociones de la desmotivación

Trabajar con desmotivación, además de ser desagradable, es un gran obstáculo para la productividad personal, pues, como dice Víctor Pauchet, «el trabajo más productivo es el que sale de las manos de un hombre contento».

Si bien es cierto que las causas de la desmotivación pueden ser muchas, en mi experiencia son dos las razones que nos llevan a este estado:

1. Una mala etapa en la vida personal, que nos dificulta encontrar la ilusión no sólo en el trabajo, sino también en cualquier ámbito vital: problemas familiares, una enfermedad, un divorcio... Cuando esta etapa mejora o el problema desaparece, generalmente la persona recupera su motivación habitual.
2. La segunda causa de desmotivación es la combinación de dos factores: no ver cumplidas las expectativas propias en la empresa (no ganar lo suficiente, tener un trabajo aburrido, estar en contra de los procesos...), y no hacer nada por cambiar la situación.

Si bien me implico a fondo cuando uno de mis clientes sufre la primera causa de desmotivación (una mala etapa personal), es todo un reto para mí trabajar con las personas que tienen el segundo problema de desmotivación, que están ancladas en una actitud quejumbrosa y no hacen nada, absolutamente nada, por que mejore su situación profesional y su estado de ánimo.

Esta actitud inmovilista, tan frecuente en las empresas, se produce porque estas personas suelen tener tendencia a atribuir al entorno la responsabilidad de lo que les pasa, y no quieren poner remedio por sí mismas.

Estas personas arrastran los zapatos por los pasillos de la empresa, y a fuerza de no construir nada positivo, acaban destruyendo el clima por el efecto contagio que generan.

Se trata de personas con un claro sentimiento de tristeza,

con sentimientos de desilusión, resignación y vacío profesional. Para el profesional contemporáneo, esta tristeza es inaceptable: duele demasiado sentirse inútil, desplazado o poco integrado. Se siente mucho frío en este estado profesional, por lo que nuestra mente autocompasiva hace una trampa, y nos pone una *mantita* que nos haga el trabajo más llevadero: nos anima a sentir asco.

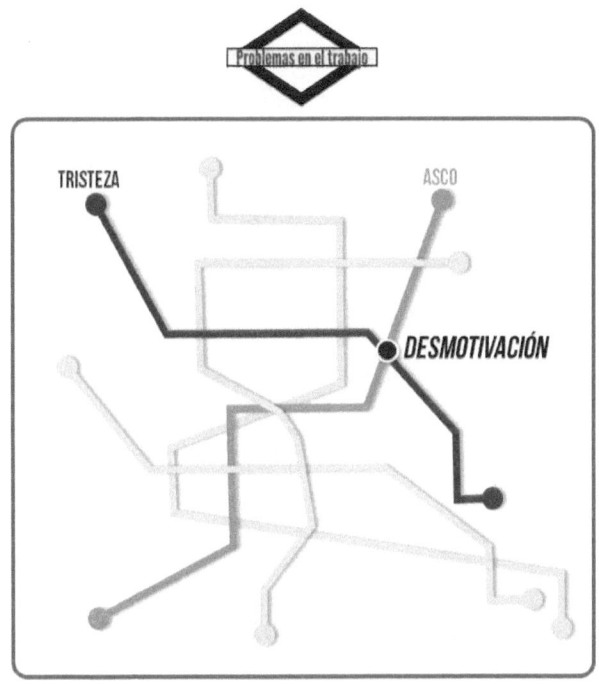

Recuerda tu empresa, y piensa en una o dos personas desmotivadas, frustradas, y aburridas.

No te pido que hagas un «psicoanálisis de mercadillo» de estos compañeros; simplemente, recuerda su cara cuando hablas con ellos o los miras. ¿Verdad que al hablar de su trabajo o de la empresa resoplan, dicen *«bufff»* muchas veces, y ponen cara de asco?, ¿verdad que ponen cara de «alegre morbo» cuando alguien critica el entorno profesional, y son felices en los corros de conspiración junto a la máquina del café?, ¿no es cierto que usan recurrentemente la ironía y suelen hablar a medias, diciendo cosas como «ahí lo dejo», «no sigo hablando» y otras frases que no se entienden porque en realidad están vacías?

Y ahora te hago la gran pregunta: ¿cómo te sientes tú al lado de estas personas «de halo gris»? Sin responderme, ya lo has hecho, así que intenta mantenerte lejos de estas personas por lo tóxicas que resultan. El asco hacia la empresa es su recurso para amortiguar la tristeza, el complejo y el vacío, y tratarán de arrastrarte hacia su estado emocional para sentirse más reconfortadas.

Si eres una de estas personas, ayúdate todo lo que puedas y pide ayuda si no lo consigues. Si no eres una de ellas, trata de ser compasivo y colabora hasta donde te permita tu motivación personal, pero no la pongas nunca a su servicio o acabarás igual que ellas.

Recuerda: la tristeza es la emoción básica asociada a la desmotivación, y suele ir acompañada de asco.

5.2.3. Las emociones cuando hay cambios en la empresa

A la mayoría de los empleados de una empresa, cuando oyen la frase «va a haber cambios», les viene a la mente la palabra «perjuicio».

Esta asociación se debe a una falacia cognitiva, un atajo mental en el que resolvemos la incertidumbre de una situación adivinando una consecuencia negativa. Y lo hacemos porque la sorpresa ante el cambio nos bloquea.

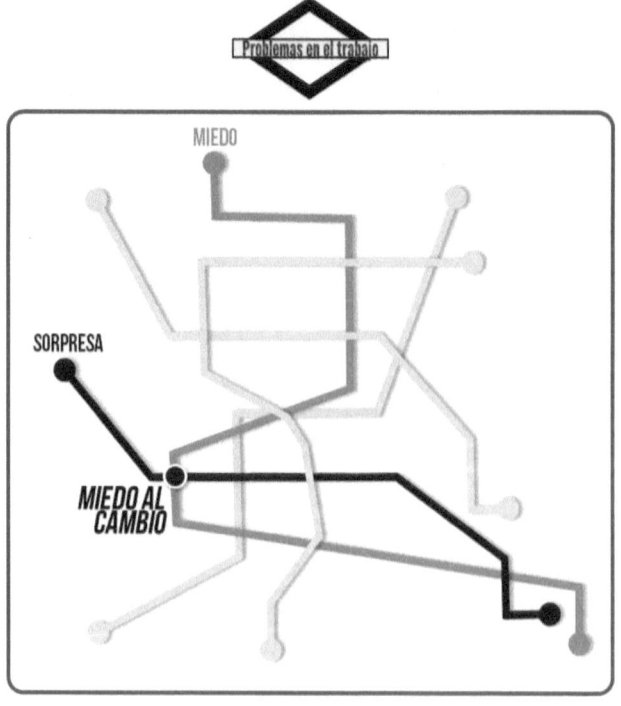

Pero esta adivinación que hacemos en negativo también es una falacia si la hacemos en positivo. Es decir, si oímos la frase «va a haber cambios en la empresa» y la asociamos con la palabra «beneficio», también es una asociación falsa porque, realmente, no sabemos lo que va a pasar.

Alerta, arrobo, asombro, aturdimiento, conmoción, confusión, curiosidad, desconcierto, deslumbramiento, espanto, estupor, fascinación, incredulidad, intriga, sobresalto...

Cuando hay cambios en la empresa o en el puesto de trabajo, la emoción principal es la sorpresa que, si bien nos informa de una novedad, nos pone en «modo descontrol», aunque dicha novedad sea positiva.

Como en el trabajo tenemos depositadas ciertas expectativas y de su estabilidad dependen asuntos clave en nuestra vida (hipoteca, colegios, ritmo de vida…), la primera reacción tras la sorpresa, suele ser la anticipación de algo negativo.

Por tanto, tras la sorpresa inicial, la emoción secundaria ante los cambios organizativos es el miedo.

No luches. Lo único que es permanente en tu vida es el cambio.

Recuerda: la sorpresa es la emoción básica asociada a los cambios, y suele ir acompañada de miedo.

5.2.4. Las emociones ante los conflictos con otras personas

En el trabajo hay conflictos interpersonales continuamente. Las expectativas, motivaciones, circunstancias, personalidad, intereses, miedos y preocupaciones que uno trae «puestos de casa», deben convivir con las expectativas, motivaciones, circunstancias, personalidad, intereses, miedos y preocupaciones que los demás traen puestos de la suya, que convergen en una gran tela de araña.

Cuando una persona siente que dichas expectativas, motivaciones, circunstancias, personalidad, intereses, miedos o preocupaciones entran en peligro por causa o culpa de otra persona, el conflicto está servido.

Y en estos casos, «¿quién tiene razón?», es la pregunta que me hacen a menudo. Mis clientes suelen poner la misma cara de decepción que pondrás tú cuando te diga cuál es mi respuesta en el noventa y cinco por ciento de los casos. ¿Quién tiene razón?: «ninguno, y ambos».

Un conflicto es una diferencia de criterio entre dos personas, y ninguna está dispuesta a ceder en su posición porque considera que «tiene razón».

Cuando hacemos formación en habilidades de negociación, lo primero que explicamos es que el objetivo consiste en que las dos parten ganen: el famoso *win-win* (ganar-ganar) de la negociación.

Este punto de encuentro sano y constructivo debería buscarse en un conflicto profesional entre dos personas, pero rara vez sucede así. Lo que sucede, en cambio, es una sucesión de atribuciones negativas a la intención del otro, en una lista interminable de reproches «por la espalda» donde «el malo» siempre es el otro (y es malísimo), y «el bueno» siempre es uno mismo (y es buenísimo).

De lo que no se dan cuenta estos dos gladiadores es que, según Jean Paul, «el hombre no revela mejor su propio carácter que cuando describe el carácter de otro»: nos retratamos a nosotros mismos cuando criticamos a los demás. Es decir, si llamas «trepa» a tu compañero con odio y rabia, y además lo haces de forma continuada, ya sabes quién eres tú: alguien que vive en el mundo del *trepismo*.

Cuesta asumirlo, pero si lo pensamos, el que no es «trepa» en absoluto, será raro que llame *«trepa»* a otra persona y, si lo hace, no será con odio y rabia, y lo hará, como mucho, una o dos veces porque vive ajeno a esos temas.

Por tanto, es clave escucharnos a nosotros mismos y responder: ¿qué crítica recurrente y «rabiosa» hago a los demás? Porque, por mucho que nos escueza, es ahí donde tenemos nuestro principal deseo o nuestra principal necesidad.

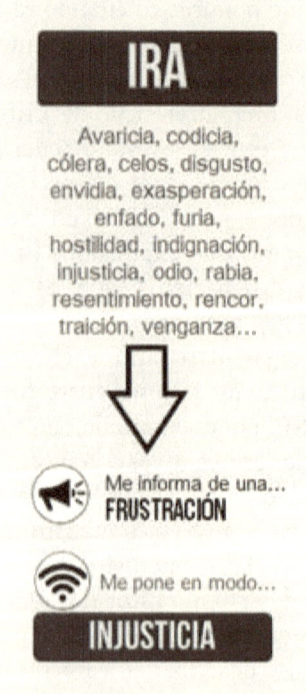

Fíjate en la siguiente tabla:

	Cuando el malestar hacia otro se refiere a una situación concreta	Cuando el malestar hacia otro se refiere a algo general y difuso
¿Tratas el conflicto con asertividad y dices lo que piensas, con ánimo de construir?	¡Perfecto!, cuando hay un conflicto concreto, se habla y se soluciona ☺.	Mucho me temo que cuando detestas, aborreces o desprecias a una persona por algo que no sabes definir de forma precisa y concreta, da igual cómo lo gestiones porque el problema no es ella, sino tú. Y lo que te sucede es una de estas dos cosas: 1.- Tienes una necesidad emocional, y esa persona la tiene satisfecha, y tú no. 2.- Quieres que esa persona satisfaga una necesidad emocional tuya, pero no lo hace.
¿Tratas el conflicto de forma pasiva y te callas?	Callarse puede ser una buena opción pero, ¿has elegido callarte, o es que no te has atrevido a hablar?	
¿Tratas el conflicto con agresividad, gritando y atacando?	Atacar no es la mejor opción, aunque en ocasiones puede ser una buena purga…	
¿Tratas el conflicto de forma pasivo-agresiva, hablando a medias, e insinúas, ironizas, criticas y difamas?	Esta, sin duda, es la peor opción. Hace daño y destruye: intenta huir de este modelo.	

Veámoslo con dos ejemplos:

Luis es un informático de cuarenta y tres años, ofendido con su compañera Mónica porque no contó con él para una reunión importante con un cliente del que él es responsable. Al enterarse, Luis habló con Mónica (usó la asertividad), ésta se disculpó sinceramente y atribuyó su error a la prisa. El asunto se olvidó.

En este ejemplo, hay una situación concreta que desencadena el conflicto.

Veamos el segundo ejemplo:

María, de treinta y cinco años y abogada en un despacho, no soporta a su compañera Carla. Dice que siempre está «camelándose» a los socios, y que son los demás los que hacen su parte del trabajo. Si la dejas hablar, tiene cientos de casos sobre Carla en los que «demuestra» que es una mala compañera, una oportunista, una cínica y una «trepa». Y debo decir que resulta más que convincente cuando habla de su enemiga, hasta el punto de que he estado tentada a creerle sin conocer a Carla.

Ésta última tiene más prestigio y apoyo interno que María, que no lo entiende porque sostiene que Carla no es tan buena profesional. Y, repito, tiene muchos y potentes argumentos para ello.

Pero al preguntar a María sobre el conflicto concreto que tiene con Carla, no sabe responder. Dice que hay «un cúmulo de cosas», pero no da una respuesta clara. Si observamos a fondo y escuchamos con atención, se ve claramente que en María hay un sentimiento de envidia debajo de la crítica «fundamentada» que hace de Carla.

Carla tiene algo (reconocimiento, apoyo, prestigio), que María no tiene. La envidia forma parte de la ira, que informa de una frustración, que nos pone en «modo injusticia». Su particular manera de hacer justicia es despreciarla y destruir la reputación de su compañera, mostrando ira y asco por ella:

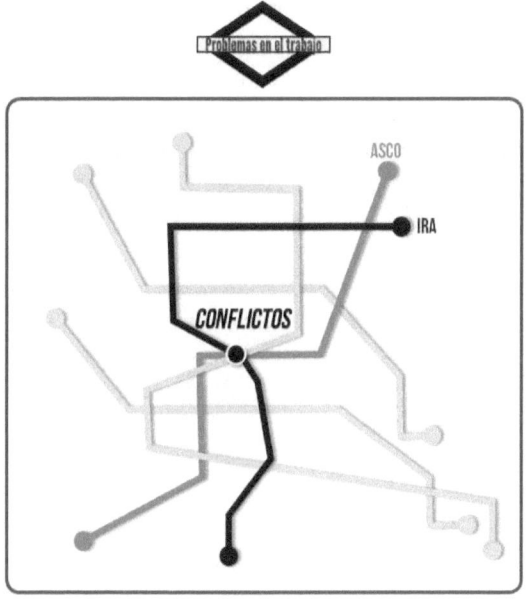

Hacemos, entonces, lo que no hay que hacer en estas situaciones: criticamos, juzgamos, y difamamos a la otra persona. Y generalmente lo hacemos por los pasillos de la empresa, pocas veces con ánimo constructivo porque #totalnohaynadaquehacer, #nosirvedenadaintentarhablar, #estapersonaesmaligna, si #lodicetodoelmundonosoloyo.

Hacer algo así es fácil, porque quien busca, encuentra. Si queremos ver lo negativo en alguien, lo encontraremos. Si queremos ver lo positivo, también.

Cuando no nos gusta una persona de nuestra empresa, «sacamos la artillería» para culparla a ella y exculparnos nosotros. Ese suele ser el juego, y el principal problema de los conflictos. Pero «la necesidad de culpar a los demás es patrimonio específico de los corazones inferiores», ya lo decía Horacio Quiroga.

¿Cuál sería, entonces, la manera honesta de gestionar el

conflicto del ejemplo? Puesto que el problema de María no es Carla, sino ella misma, la única forma que tiene de salir del odio es mirarse hacia dentro y decir lo que ni sus palabras ni su corazón son capaces de reconocer:

«Odio a Carla porque recibe en el trabajo reconocimiento, prestigio y apoyo, y yo no. Siento que tengo que esforzarme el doble para recibir la mitad, y siento que es así porque ella tiene más encanto que yo. Me siento inferior a ella. En el fondo, lo que me pasa es que me siento triste y abandonada por parte de mis jefes, porque me esfuerzo muchísimo y nadie se da cuenta».

Si María fuera capaz de reconocer estos pensamientos, no tendría la necesidad de disfrazar su tristeza de odio hacia Carla, y tal conflicto no existiría.

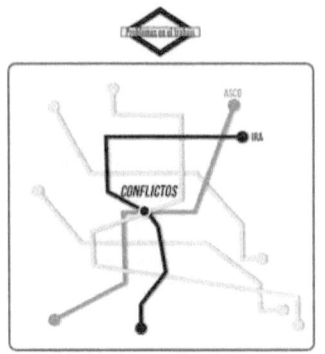
Cuando no sabemos reconocer lo que sentimos, aparece el conflicto en forma de ira y asco

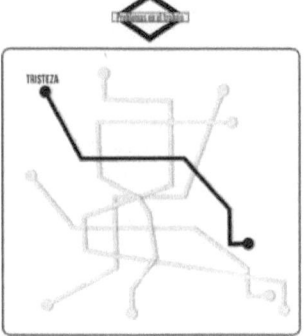
Cuando sabemos reconocer la tristeza que sentimos, el conflicto no existe.

La ira y el asco son «emociones manta»: ante algo tan doloroso (y vergonzoso) de aceptar y reconocer, la mente nos «pone una *mantita*» para que no sintamos tanto frío. Como adultos, es más fácil sentir y expresar ira, que sentir y expresar tristeza. Es una trampa compasiva y benigna que hemos ido construyendo según nos hacíamos adultos, porque de alguna forma hemos aprendido que los demás, y especialmente en el trabajo, «aceptarán que me enfade, pero no aceptarán que esté triste», porque **«puedo odiar, pero no puedo llorar»**.

Y así paso mis días como psicóloga de empresas: ayudando a soldar trozos de corazones que se han roto en el trabajo, recolocando los sesos desparramados a la autoestima, cosiendo inseguridades, y poniendo «el hombro» cuando alguien por fin comprende que sí se puede llorar.

Recuerda: cuando detestamos a alguien del trabajo, tiene más que ver con nosotros mismos que con la otra persona. La ira y el asco que hay en los conflictos son, simplemente, capas y «mantas» que ponemos a la tristeza y al miedo.

5.2.5. Las emociones ante un jefe que no nos gusta

Y llegamos al dolor más frecuente, recurrente, demente e indecente que hay en el trabajo: el jefe.

Lo primero que tenemos que hacer es centrar el tiro y ser honestos: el jefe representa y, de hecho, es la autoridad. Como adultos, toleramos la autoridad «sin que se note», pero la «mano militar», reconozcámoslo, la llevamos peor.

Tendemos a rechazar a nuestro jefe porque representa una autoridad que, como adultos, nos gusta más bien poco.

Salvando las distancias, con los jefes se produce un fenómeno similar al que sucede con nuestros padres, que son nuestras principales figuras de referencia. Un buen jefe, como un buen padre, es el que acompaña en el aprendizaje, apoya el desarrollo, protege en los malos momentos, tolera los errores, felicita los logros, se disculpa cuando falla. Con su apoyo consigue que nos sintamos felices, aceptados sin reservas, motivados y seguros, porque sabemos que hay alguien «más fuerte» en nuestro equipo en quien podemos confiar.

Cuando encontramos un jefe así, nos pasa como a un niño que tiene un padre sólido: se desarrolla lo que John Bowlby llamó, en la década de 1950, un tipo de «apego seguro», vital para el desarrollo mental sano de la persona. Un niño que ha construido un vínculo de seguridad con sus padres y ha sentido cubiertas sus necesidades afectivas será un adulto psicológicamente equilibrado. Un apego satisfactorio permite al niño explorar y conocer el mundo bajo la tranquilidad de saber que la persona con quien se ha vinculado va a estar allí para protegerlo.

En cambio, si el niño ha sentido carencias mayores o menores en el afecto de sus padres, crecerá con miedo, desconfianza, inseguridad, baja autoestima, resentimiento, angustia y rabia. Los padres, como figuras de referencia, son quienes construyen nuestra autoestima. Si has tenido una infancia feliz, ¿recuerdas cómo de niño te volvías loco de ilusión cuando uno de tus padres te felicitaba por algo?, ¿recuerdas lo mal que te sentías cuando te regañaban?, ¿te acuerdas cómo buscabas a uno de tus padres para que te consolara cuando te hacías daño?, ¿no es cierto que te sentías protegido cuando estaban ellos?, ¿no dabas por hecho que te darían comida, bebida y abrigo sin que tuvieras que hacer nada?, ¿verdad que te sentías importante, querido y considerado?: eso es el vínculo de apego seguro.

Pero muchas veces los padres no son capaces de generar ese vínculo e infligen heridas afectivas a sus hijos, que acaban convirtiéndose en «niños heridos» en cuerpos de adulto. Esto sucede, generalmente, porque los padres también son «niños heridos» que nunca sanaron.

Cuando esto sucede, el vínculo padre/madre-hijo que se genera es de tipo ansioso (niños dependientes que buscan continuamente la aprobación de las figuras de apego), o *evitativo* (niños que se sienten poco queridos y que evitan el afecto).

Pues bien, con el jefe sucede algo similar. Es nuestra figura de referencia profesional, y si bien no tiene por qué ser un referente moral o afectivo, sí lo es en lo jerárquico. Parte de nuestra autoestima profesional depende de él sin ninguna duda, sobre todo en las primeras etapas profesionales.

El vínculo que se genera con un jefe genera consecuencias similares a las que se producen entre padres e hijos porque, no nos engañemos, ser jefe consiste en dar mucho más que en recibir.

Un error tan común como sorprendente. Veo jefazos que rozan la punta de la pirámide jerárquica de gigantes empresariales, ganan en sus nóminas más ceros que tuve yo en matemáticas (unos cuantos, créeme), dirigen a cientos de personas, y toman decisiones por las que, a veces, «sube el pan». Y algunos no son capaces ni de hacer una crítica en condiciones (asignatura «de primero de jefe»), o ni se atisba en sus conductas que trabajen con humanos.

Ese comportamiento de los jefes tan «de recibir» y tan poco «de dar», tiene un reflejo directo en sus equipos. Por ejemplo:

- Un jefe narcisista generará un equipo temeroso, y sólo dará visibilidad y apoyo a los colaboradores que se posicionen como secuaces de su séquito. Les dará «afecto condicional», bajo el mensaje de «si eres como yo quiero, te apoyaré. Si no, te rechazaré».
- Un jefe frío y distante generará un equipo consciente de no poder contar con su jefe. Evitarán comprometerse con el proyecto, y serán incapaces de felicitarse y motivarse entre sí.
- Un jefe frío y controlador generará un equipo desconfiado con sensación constante de inseguridad. La ansiedad del equipo necesitará la aprobación continua del jefe y los colaboradores vigilarán de forma permanente que no les rechace, tratando de satisfacerle en todo y con altas dosis de dependencia. Si el jefe desaparece, el equipo también.
- Un jefe agresivo, cambiante y de reacciones azarosas, generará un equipo desorientado, irascible, e inestable. Los colaboradores acabarán «quemados» y se irán de la empresa antes o después.
- En cambio, un jefe estable, humilde, sano y constructivo, generará un equipo cohesionado, productivo y de alto rendimiento. El talento individual fluye libre, y la motivación de los colaboradores genera altas dosis de innovación y compromiso.

ASCO

Aversión, desagrado, desprecio, fastidio, grima, humillación, indiferencia, irritación, manía, pereza, repugnancia, recelo, repudio, repulsión, saciedad, soberbia, vergüenza...

Me informa de un...
RECHAZO

Me pone en modo...
PREJUICIO

En mi experiencia, las personas no se van de sus empresas, se van «de sus jefes». Pero si quieres quedarte en la empresa, deberás gestionar las emociones que giran en torno al jefe, que confluyen en el asco.

Igual que pasa con la ira, el asco es una manta que le ponemos a la emoción que late debajo: el miedo.

Cuando no soportamos a nuestro jefe, hablamos de él en «modo prejuicio», con repulsión, ironía, forzando indiferencia, con desprecio e irritación. Pero en ningún caso decimos «siento angustia cuando aparece, me siento impotente, inferior, desesperado. Siento que no hago nada bien, que se va a enfadar conmigo y le voy a decepcionar. Me siento pequeño a su lado".

Ojalá fuéramos capaces de decir estas palabras: sería un problema bien definido, o lo que es lo mismo: un problema medio resuelto.

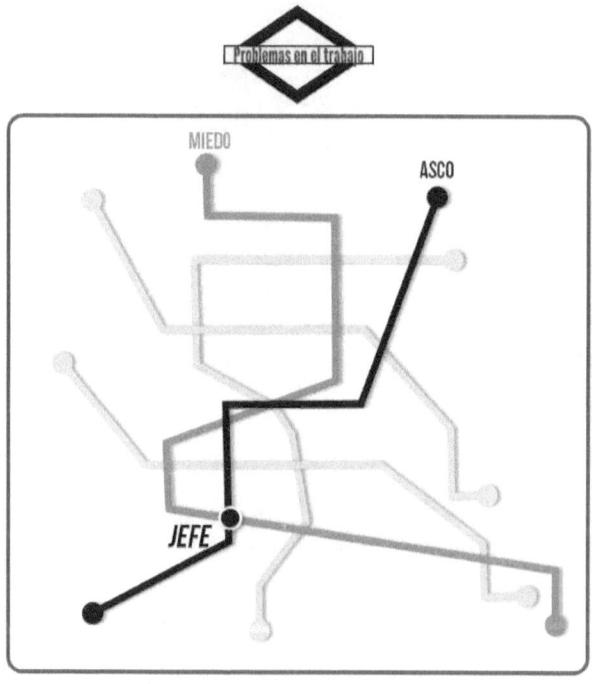

Recuerda: manifestamos asco hacia nuestro jefe, pero esta emoción es una manta del miedo y, en ocasiones, de la tristeza.

5.3. Paso 3: Satisfacer las necesidades

> «LA DIFERENCIA ENTRE UN OBJETIVO Y UN SUEÑO ES UNA FECHA».
>
> EDMUNDO HOFFENS

Llegados a este punto, hemos visto los dos primeros pasos del «Modo Yo»:
1. Conectar con el cuerpo mediante la técnica del *focusing*.
2. Detectar las emociones que hay detrás de las situaciones profesionales que nos provocan malestar.

Veamos ahora la tercera: satisfacer las necesidades.

Decíamos antes que la vida entera es un permanente duelo de emociones y necesidades, y cada situación posee su puzle particular. Pero todas tienen en común que portan una necesidad detrás que precisa ser satisfecha.

¿Cómo hacemos esto?, ¿es posible que tu jefe te haga un desprecio público y tú seas capaz de regular la ira en dos minutos, y sin necesidad de hablar con él y que se disculpe? Claro que es posible, pero debes saber que para instaurar un hábito, necesitas entrenar durante veintiún días consecutivos.

¿Qué tienes que hacer para satisfacer tus necesidades

emocionales, rescatándote a ti mismo de tu malestar?, veamos los tres pasos del «Modo Yo» para satisfacer las necesidades:

1.- Adoptar una postura corporal de poder

Dana Carley, investigadora de la Universidad de Berkeley en California, y Amy Cuddy, psicóloga social, demostraron en 2010 que mantener una posición de poder o sumisión durante dos minutos provoca cambios hormonales, concretamente en los niveles de cortisol (relacionados con el estrés), y testosterona (relacionados con el poder y la dominación). Pero ¿cómo es la postura de poder?

Existen varias posturas de poder clásicas: levantar los brazos en forma de victoria imitando el gesto de los atletas en la línea de meta, poner los brazos en jarra, colocar los brazos detrás de la cabeza y los pies encima de una mesa... Pero estas posturas universales quizá no sean las más adecuadas para adoptarlas a las doce de la mañana en una oficina cuajada de gente, ¿no crees?

Se trata de que encuentres una postura que te haga sentir fuerte y poderoso como, por ejemplo, poner la espalda recta, llevar los hombros hacia atrás y levantar la barbilla. Si pones tu cuerpo en posición de poder, conseguirás aumentar un 20% la testosterona (asociada con el poder) y reducir un 25% el cortisol (asociado con el estrés).

La postura de debilidad es lo opuesto: encoger el cuerpo, mirar al suelo o bajar los brazos, por ejemplo. Estas posturas harán que la testosterona descienda un 10% y aumente un 15% el cortisol.

Recuerda: practica una postura de poder con la que te sientas cómodo, y debes mantenerla durante los dos minutos del «Modo Yo».

2.- Regular el estado de ánimo

Cierra los ojos e imagina un mal momento de estrés o malestar. Recuerda cómo te sentías, qué querías, qué hiciste, con quién estabas, dónde...

Ahora, imagina a una persona que te importa mucho, muchísimo: una persona a la que miras con *«loving eyes»* (ojos «de amor»). ¿Verdad que le dirías que comprendes cómo se siente, y apoyarías sus acciones y decisiones?, ¿no es cierto que tu objetivo principal sería darle todo tu cariño, y harías todo lo posible para que se sintiera mejor?

Pues bien, imagina que esa persona a la que apoyas, quieres y aceptas sin reservas, y a quien sólo deseas cosas buenas, eres tú mismo. ¿Qué le dirías a esa persona tan importante (tú) para proporcionarle seguridad? Voy a darte tres pautas:

1. Debes expresarle con palabras tu lealtad y tu apoyo incondicional. La persona debe sentir tu afecto y aceptación y, para ello, debes validar todo lo que dice y siente, sin ninguna fisura o reserva.
2. Debes enfocarte en sus cualidades, y en lo positivo que ha hecho y ha logrado.
3. Debes animarle a una acción que mejore el problema, ofrecerle alternativas a lo que está haciendo y no le funciona en la actualidad, manteniendo la aceptación incondicional.

Si necesitas una palabra clave, es «seguridad»: debes conseguir que sienta seguridad afectiva.

Por ejemplo:

«(1) Aquí estoy para apoyarte. Sé que hasta que acabes este proyecto vas a tener que trabajar mucho. Es normal que estés cansado y que a veces tengas ganas de «tirar la toalla», porque, además de la carga de trabajo, hay muchas dificultades que minan la moral: el cliente enfadado,

problemas económicos, pérdidas, ineficiencias...

(2) Pero lo estás haciendo muy bien. Estás ahí, sigues adelante y respondiendo a todo lo que se espera de ti. Te veo trabajar con fuerza, constancia y mucho compromiso. Algunos piensan que no das la talla: es verdad que no es agradable que hablen mal de ti, pero puedes estar tranquilo: haces todo lo que puedes, preguntas cuando no sabes, rectificas cuando te equivocas y trabajas horas y horas. Estoy muy orgulloso de ti, no dudes de ti mismo porque eres un buen profesional. Yo te apoyo, te respeto y te aprecio.

(3) Déjame ayudarte a pensar qué puedes hacer para sentirte mejor, y que esta situación sea más llevadera».

¿Cómo te sentirías si te dijeran eso?, «calmado», ¿no es cierto? Pues bien, ~~puedes~~ debes darte a ti mismo un mensaje similar continuamente.

3.- Regular el cuerpo

Busca «música binaural» en internet y ponte los auriculares. La música binaural es un estado vibracional que tiene la capacidad de modificar nuestro estado de conciencia, elevándolo a otro estado mejor mediante la producción de notas musicales capaces de alterar las ondas cerebrales de nuestro organismo, y esto se traduce en una ayuda a varios momentos de la vida cotidiana: relajación, concentración y autorregulación.

Con la música puesta, siéntate en una posición cómoda y cierra los ojos. Despacio, busca entre tus recuerdos un momento en el que te sintieras completamente relajado, y recuerda qué veías, olías y oías, y qué sentimientos tenías en ese momento. Intenta por todos los medios que esa escena sea en la naturaleza. Por ejemplo, busca recuerdos:

- Flotando en el agua del mar, en tu playa favorita, oyendo entre el rumor del agua y el graznido de las gaviotas, oliendo a mar, viendo el cielo azul, sintiendo una paz absoluta en contacto con el agua.

- Paseando por el campo, oyendo el chasquido de las hojas al andar, oliendo el aroma de la jara o el tomillo, observando los árboles, la tierra y el cielo, y sintiendo un profundo y reconfortante silencio interior.
- En la cima de una montaña. Tras un largo esfuerzo, escuchando el silbido del viento, respirando aire frío, observando la naturaleza desde arriba, mirando el cielo y la tierra, y sintiendo una profunda satisfacción.
- Frente a una chimenea, viendo arder los troncos, escuchando el crujido de la madera, oliendo la leña y sintiendo una relajación total.

Cuando tengas la escena, disfrútala unos minutos y aprieta el puño muy fuerte, hasta que sientas presión. Continúa en la escena un minuto más. Este gesto será tu «ancla», tu señal, que te llevará al estado emocional en el que estabas en tu escena.

Haz tres respiraciones: inspira profundo por la nariz llenando el diafragma (bajo las costillas y encima del estómago), y expulsa por la boca. Abre los ojos.

Para que esta asociación de estado emocional y apretar el puño se convierta en tu «ancla», debes repetir esta visualización durante un mes, aproximadamente. A partir de entonces, recurre a ella cuando sientas malestar, de forma que apretando el puño llegues al estado emocional que tenías en tu escena.

Puedes cambiar la escena cuantas veces quieras, pero no dejes de practicar. Este simple ejercicio, que no te llevará ni un minuto cuando tengas práctica, puedes hacerlo en tu mesa de trabajo, y créeme: funciona.

5.4. El «Modo Yo» en dos minutos

> «APRENDER ES ENTENDER DE REPENTE ALGO QUE SIEMPRE HAS ENTENDIDO, PERO DE UNA MANERA NUEVA».
>
> DORIS LESSING

Veamos ahora «la foto» completa: cómo actúa el «Modo Yo» en dos minutos. <u>Los primeros días tendrás que invertir más tiempo</u> hasta que construyas el hábito, pero en seguida comprobarás que merece la pena.

Te propongo invertir veinte minutos los primeros cinco días, quince minutos los diez días siguientes, diez minutos los cinco siguientes, y cinco minutos los diez últimos días. Cuando haya pasado el primer mes, te propongo practicar el «Modo Yo» en dos minutos, de la siguiente forma:

PASO 1.- conectar con el cuerpo (objetivo: 20 segundos). La pregunta clave: ¿Qué siento en mi cuerpo y dónde, y qué diría esa sensación si pudiera hablar?

PASO 2.- detectar las emociones (objetivo: 30 segundos). La pregunta clave: ¿Qué siento ante este problema que tengo en el trabajo?

PASO 3.- satisfacer las necesidades (objetivo: 70 segundos). La pregunta clave: ¿Qué necesito, y cómo lo consigo?

Veamos las tres fases con cada uno de los problemas.

5.4.1. El «Modo Yo» del estrés: del miedo a la confianza

Como hemos visto en páginas anteriores, el estrés es la percepción subjetiva de no tener recursos para hacer frente a una situación.

¿Qué características del trabajo nos hacen más vulnerables al estrés?

- La sobrecarga de trabajo.
- El cansancio físico, el sueño, el agotamiento.
- La sensación de tener un trabajo demasiado difícil.
- Estar continuamente expuesto a fallar.
- Realizar un trabajo multitarea: tener que atender demasiadas cosas al mismo tiempo.
- Estar en exposición continua a quejas de clientes.
- Tener responsabilidad sobre vidas como contenido del trabajo (médicos, enfermeras, veterinarios…).
- Tener la sensación de estar asumiendo demasiada responsabilidad.
- Tener peligros potenciales objetivos (atracos, violencia, derrumbamientos…).
- …

Empezamos.

PASO 1.- conectar con el cuerpo. ¿Qué siento en mi cuerpo y dónde, y qué diría esa sensación si pudiera hablar?

Por ejemplo, «siento presión en el pecho, como si me lo estuvieran aplastando. Si esa sensación pudiera hablar, diría "no puedo más, estoy agotado, no merece la pena"».

PASO 2.- detectar las emociones. ¿Qué siento ante este problema que tengo en el trabajo, que me está generando estrés?

Por ejemplo, «Siento angustia, una inquietud continua y mucha inseguridad cuando entro por la puerta de la oficina. La emoción básica es el miedo».

Ahora, sigue la secuencia de la emoción del miedo, y dale sentido:

«El miedo que siento me informa de una amenaza, que me pone en "modo emergencia". Me paso el día en un horrible estado de alerta, como si en cualquier momento fueran a castigarme. Tengo miedo al fracaso, a no estar a la altura. Me siento un inepto»

Si sigues la secuencia, verás que detrás de la emoción hay una necesidad. Por ejemplo:

«Este estado de tensión continua necesita confianza. ¿Cómo consigo confianza por mí mismo?».

PASO 3.- satisfacer las necesidades. ¿Cómo consigo la confianza que necesito?

3.A.- Adoptar una postura corporal de poder.
3.B.- Regular la emoción.

Combatir el miedo requiere confianza, así que cierra los ojos e imagina tu propia imagen. Construye un discurso en segunda persona para darle confianza y seguridad a la persona que estás viendo (tú mismo):

---

1. Debes expresarle con palabras tu lealtad y tu apoyo incondicional. La persona debe sentir tu afecto y aceptación y, para ello, debes validar todo lo que dice y siente, sin ninguna fisura o reserva.
2. Debes enfocarte en sus cualidades, y en lo positivo que ha hecho y ha logrado.
3. Debes animarle a una acción que mejore el problema, ofrecerle alternativas a lo que está haciendo y no le funciona en la actualidad, manteniendo la aceptación incondicional.

«(1) Aquí estoy para apoyarte en este momento difícil, como siempre. Tú sabes que siempre puedes contar conmigo. Tu cuerpo te dice que no puedes más porque, sí, es cierto que estás cansado por esta racha de trabajo en la que has llegado muy tarde a casa durante dos semanas. Comes poco y mal, duermes peor, no ves a tu familia... Es normal que estés así, te comprendo perfectamente.

(2) Es admirable ver cómo te esfuerzas y el compromiso que tienes por tu empresa: ¡ya les gustaría a muchas empresas tener gente como tú!, trabajador, constante, comprometido...

(3) Respecto a que tu familia está algo desatendida, no te exijas tanto, no seas tan duro contigo mismo. Vamos a ver qué se nos ocurre para compensar tu ausencia; seguro que

habrá algo que se pueda hacer. Pensemos tres cosas que puedes hacer para sufrir menos estrés, y al mismo tiempo que tu familia no se resienta. Tranquilo, cuenta conmigo para ganar confianza: estoy aquí para ayudarte».

3.C.- Regular el cuerpo. Pon música binaural (si puedes), cierra los ojos, aprieta el puño y vive tu escena de seguridad, paz y confianza.

Tiempo: han pasado dos minutos. Vuelta al trabajo.

5.4.2. El «Modo Yo» de la desmotivación: de la tristeza a la protección

Como hemos visto en páginas anteriores, la desmotivación se puede producir por una mala etapa personal, o por un desajuste entre la realidad del trabajo, y las expectativas que se tienen de éste.

En este segundo caso, suele haber una tendencia a responsabilizar al entorno de lo que nos sucede, adquiriendo una posición inmovilista y de desesperanza.

¿Qué suele pasar por la cabeza de una persona desmotivada?

- «Estoy quemado: no pienso hacer nada más por esta empresa. Mis ocho horas, y punto».
- «No consigo conciliar, es una trampa todo lo que dicen de la conciliación».
- «He fracasado porque no me han dejado crecer más».
- «No me valoran lo suficiente, estoy desaprovechado. Podría dar mucho más».
- «Lo doy todo por esta empresa, y ni me lo agradecen ni lo reconocen».
- «Da igual lo que propongas, que aquí nadie te escucha ni te protege. Mucho *bla bla*, pero nadie hace nada. No merece la pena».
- «Esto es un trabajo, ¿no?, pues a trabajar y punto. Yo no vengo aquí a hacer amigos, no quiero nada con nadie».
-

Empezamos.

PASO 1.- conectar con el cuerpo. ¿Qué siento en mi cuerpo y dónde, y qué diría esa sensación si pudiera hablar? Por ejemplo, «Siento un nudo en la garganta, como si el aire no entrase bien. Si esta sensación pudiera hablar, diría "no entiendo por qué soy un cero a la izquierda"».

PASO 2.- detectar las emociones. ¿Qué siento ante este problema que me ha desmotivado tanto?

Por ejemplo, «Siento insatisfacción, nostalgia de cuando estaba bien aquí, resignación y mucha soledad: parezco invisible. La emoción básica es la tristeza».

Ahora, sigue la secuencia de la emoción de la tristeza, y dale sentido:

«La tristeza que siento me informa de una pérdida, que me pone en «modo desesperanza». He perdido la ilusión por este trabajo porque han llegado nuevas generaciones y siento que ya no sirvo para nada, estoy en lo peor de mi vida».

Si sigues la secuencia, verás que detrás de la emoción hay una necesidad. Por ejemplo:

«Este estado de desesperanza necesita protección. ¿Cómo consigo protección por mí mismo?».

PASO 3.- satisfacer las necesidades. ¿Cómo consigo la

protección que necesito?
3.A.- Adoptar una postura corporal de poder.
3.B.- Regular la emoción.

La tristeza necesita protección, así que cierra los ojos e imagina tu propia imagen. Construye un discurso en segunda persona para darle protección y seguridad a la persona que estás viendo (tú mismo):

> 1. Debes expresarle con palabras tu lealtad y tu apoyo incondicional. La persona debe sentir tu afecto y aceptación y, para ello, debes validar todo lo que dice y siente, sin ninguna fisura o reserva.
> 2. Debes enfocarte en sus cualidades, y en lo positivo que ha hecho y ha logrado.
> 3. Debes animarle a una acción que mejore el problema, ofrecerle alternativas a lo que está haciendo y no le funciona en la actualidad, manteniendo la aceptación incondicional.

«(1) Aquí estoy para apoyarte en este momento difícil, como siempre. Tú sabes que siempre puedes contar conmigo. Tu cuerpo te dice que no puedes respirar. Es lógico, has «tragado» mucho en estos años, y lo estás acusando ahora. Son muchos años de sentirte invisible con la llegada de las nuevas generaciones. Es muy duro, te entiendo.

(2) Pero sigues ahí, en el mismo puesto desde hace veinticinco años: eso no puede decirlo todo el mundo. Tiene mérito haber mantenido tu puesto a pesar de todos los cambios que ha habido en la empresa: has visto «caer» a mucha gente y tú sigues siendo una pieza fundamental del departamento, aunque no tengas el trabajo más divertido del mundo. Eres paciente y constante, dos grandes virtudes.

(3) Esta situación es muy dura: vamos a ver si entre los dos podemos encontrar alguna solución. Antes de que me digas «no hay nada que hacer» (que nos conocemos, ja, ja,

ja, ja, ja), vamos a intentar que, al menos, no tengas esa horrible sensación de malestar. Te gusta mucho el cine, ¿no?, ¿por qué no creas un grupo de cine con cuatro o cinco compañeros, y así conectas con ellos de alguna forma? O, ¿por qué no empiezas a bajar a comer con los nuevos? Seguro que hay cosas que podemos hacer, pero tú no te fuerces y cuenta conmigo para todo: intentaré darte la protección que necesitas».

3.C.- Regular el cuerpo. Pon música binaural (si puedes), cierra los ojos, aprieta el puño y vive tu escena de seguridad, paz y protección.

Tiempo: han pasado dos minutos. Vuelta al trabajo.

5.4.3. El «Modo Yo» del miedo al cambio: de la sorpresa a la claridad

El miedo al cambio es una emoción tan natural como incómoda. Las empresas no sólo quieren empleados sin miedo al cambio, sino que buscan activamente personas que lo promuevan, se adapten a ellos y sean cognitivamente flexibles.

¿Qué situaciones profesionales suelen generar este miedo?
- Cambios en el organigrama.
- Cambios en el puesto o en la función.
- Nuevas incorporaciones que amenacen nuestra posición de alguna manera.
- Degradación jerárquica: pasar a un puesto peor tras una reestructuración organizativa.
- Fusión de tu empresa con otra.
- Reducción de plantilla, ERE (Expediente de Regulación de Empleo)…
- Promoción a un puesto demasiado alto para la experiencia que tienes.
- Desplazamiento a otra ciudad.
- Cambios en la dirección de la empresa.
- …

Empezamos.

PASO 1.- conectar con el cuerpo. ¿Qué siento en mi cuerpo y dónde, y qué diría esa sensación si pudiera hablar?

Por ejemplo, «Siento que mi corazón late muy deprisa, una sensación constante de nervios. Si esa sensación pudiera hablar, diría "te va a perjudicar esta nueva situación, no te libras de ésta"».

PASO 2.- detectar las emociones. ¿Qué siento ante este cambio en la empresa?

Por ejemplo, «Siento confusión, desconcierto y algo de intriga por ver cómo quedan las cosas al final. La emoción básica es la sorpresa».

Ahora, sigue la secuencia de la emoción de la sorpresa, y dale sentido:

«La sorpresa que siento me informa de una novedad, que me pone en "modo descontrol". No sé qué va a pasar con esta fusión; mi puesto corre peligro y es probable que hasta desaparezca. No duermo bien, siento angustia. Ojalá pasara un año».

Si sigues la secuencia, verás que detrás de la emoción hay una necesidad. Por ejemplo:

«Este estado de descontrol necesita claridad, que alguien me informe, me aclare las dudas, me dé perspectiva de las cosas. ¿Cómo consigo claridad por mí mismo?».

PASO 3.- satisfacer las necesidades. ¿Cómo consigo la claridad que necesito?
3.A.- Adoptar una postura corporal de poder.
3.B.- Regular la emoción.

La sorpresa necesita claridad, así que cierra los ojos e imagina tu propia imagen. Construye un discurso en segunda persona para darle claridad y seguridad a la persona que estás viendo (tú mismo):

> 1. Debes expresarle con palabras tu lealtad y tu apoyo incondicional. La persona debe sentir tu afecto y aceptación y, para ello, debes validar todo lo que dice y siente, sin ninguna fisura o reserva.
> 2. Debes enfocarte en sus cualidades, y en lo positivo que ha hecho y ha logrado.
> 3. Debes animarle a una acción que mejore el problema, ofrecerle alternativas a lo que está haciendo y no le funciona en la actualidad, manteniendo la aceptación incondicional.

«(1) Aquí estoy para apoyarte en este momento difícil, como siempre. Tú sabes que siempre puedes contar conmigo. Si tu corazón está acelerado es normal ante lo que estás pasando: tu empresa se ha fusionado con otra y eso genera mucha inestabilidad. Yo te entiendo. Quiero lo mejor para ti, que esta situación no te perjudique, incluso que puedas salir beneficiado de ella. Tienes todo mi apoyo y cariño.

(2) Las personas se desestabilizan mucho cuando hay cambios en su empresa. Algunos lo muestran más, y otros menos. Tú estás angustiado y es normal, pero has mantenido la serenidad «de cara a la galería», y no has participado en el pánico general que se ha formado. Bien hecho, has demostrado tener mucho autocontrol.

(3) Vamos a ver qué podemos hacer para que desaparezca

la angustia, o al menos que en este proceso, que va a durar sólo unos meses, estés más tranquilo. Si necesitas claridad, ¿por qué no te acercas a hablar con tu jefe a pedirle un poco de perspectiva?, ¿hay alguien más que pueda darte algo de información?; si lo hay, adelante. Si no lo hay, ¿qué podemos hacer para que te sientas más tranquilo, y la situación tenga algo más de claridad?; ¿te vendrá bien un poco de relajación todos los días?, ¿y si te apuntas a yoga, mindfulness o alguna actividad que te ayude a relajarte?».

3.C.- Regular el cuerpo. Pon música binaural (si puedes), cierra los ojos, aprieta el puño y vive tu escena de seguridad, paz y claridad.

Tiempo: han pasado dos minutos. Vuelta al trabajo.

5.4.4. El «Modo Yo» de los conflictos: de la ira al reconocimiento

En páginas anteriores, vimos cómo existen dos tipos de conflictos: los que se refieren a asuntos concretos y en cuyo caso tienen que ver con la otra persona, y los que se refieren a asuntos difusos, y en cuyo acaso tienen que ver con nosotros mismos.

¿Qué situaciones profesionales suelen generar conflictos y aversiones con otras personas de la empresa?
- Conflictos menores y puntuales.
- Compañeros que se apropian del trabajo de otros.
- Diferencias en el criterio profesional.
- Contribución negativa al clima laboral: difamaciones, críticas malintencionadas…
- Dudas respecto al rendimiento de otras personas.
- Atribución negativa a la intención de otros.
- Compañeros que no se soportan porque su presencia entorpece los objetivos individuales.
- Dudas respecto al ritmo y cantidad de trabajo de otras personas.
- Rivalidad de rol.
- Rivalidad con el jefe o los superiores.
- …

Empezamos.

PASO 1.- conectar con el cuerpo. ¿Qué siento en mi cuerpo y dónde, y qué diría esa sensación si pudiera hablar?

Por ejemplo, «Siento dolor en las mandíbulas, y además «me quema» el estómago. Si esa sensación pudiera hablar, diría "no puedo soportarla, ¡no puedo soportarla!"».

PASO 2.- detectar las emociones. ¿Qué siento ante este conflicto con esta persona, que me genera ira?

Por ejemplo, «Siento celos, furia e indignación. Siento deseos de venganza. La emoción básica es la ira».

Ahora, sigue la secuencia de la emoción de la sorpresa, y dale sentido:

«La ira que siento me informa de una frustración, que me pone en "modo injusticia". Mi compañera no parece trabajar mucho, pero en las reuniones se apropia de mi trabajo delante de nuestro jefe. Si consigue buenos resultados, es gracias a mí. Esto es de lo más injusto, no quiero seguir trabajando para ella».

Si sigues la secuencia, verás que detrás de la emoción hay una necesidad. Por ejemplo:

«Este estado de injusticia necesita reconocimiento, que alguien vea que la que hace la mayor parte del trabajo, soy yo. ¿Cómo consigo reconocimiento por mí mismo?».

PASO 3.- satisfacer las necesidades. ¿Cómo consigo el reconocimiento que necesito?

3.A.- Adoptar una postura corporal de poder.

3.B.- Regular la emoción.

Para extinguir la ira se requiere reconocimiento, así que cierra los ojos e imagina tu propia imagen. Construye un discurso en segunda persona para darle reconocimiento y seguridad a la persona que estás viendo (tú mismo):

---

1. Debes expresarle con palabras tu lealtad y tu apoyo incondicional. La persona debe sentir tu afecto y aceptación y, para ello, debes validar todo lo que dice y siente, sin ninguna fisura o reserva.
2. Debes enfocarte en sus cualidades, y en lo positivo que ha hecho y ha logrado.
3. Debes animarle a una acción que mejore el problema, ofrecerle alternativas a lo que está haciendo y no le funciona en la actualidad, manteniendo la aceptación incondicional.

«(1) Aquí estoy para apoyarte en este momento difícil, como siempre. Tú sabes que siempre puedes contar conmigo. Tienes las mandíbulas apretadas porque no paras de morder: sientes mucha ira y es normal: cuando uno trabaja y se esfuerza, lo que necesita es que alguien lo vea.

(2) Hay que reconocerte el mérito de mantener el rendimiento mientras sientes que no se te trata con justicia. Eres una persona con sólidos valores, se nota en todo lo que haces y en tu trabajo concretamente. Olvídate de ella y preocúpate por ti misma. Tú eres fuerte, valiosa y decidida.

(3) Quizá sea el momento de empezar a asumir que ella no va a cambiar: va a seguir siendo así, por lo que seguir furiosa no te va a llevar a ninguna parte. Si necesitas reconocimiento, pídeselo a tu jefe. Si esto no te convence, yo te lo doy: el proyecto con este cliente lo has hecho entero tú.

Lo has hecho con mucha persistencia y el resultado es fabuloso, todas las partes lo reconocen: tu jefe, el cliente, tú... Puedes tener la satisfacción de haberlo hecho tú; intenta alejarte de ella la próxima vez y, si no puedes, ya veremos cómo hacer para que esto no vuelva a suceder. Pero mira: si vuelve a suceder... Puedes tener la victoria privada de la satisfacción personal».

3.C.- Regular el cuerpo. Pon música binaural (si puedes), cierra los ojos, aprieta el puño y vive tu escena de seguridad, paz y reconocimiento.

Tiempo: han pasado dos minutos. Vuelta al trabajo.

5.4.5. El «Modo Yo» del jefe: del asco a la aceptación

Como hemos visto, el jefe es el problema más recurrente, y el que genera más quebraderos de cabeza en los empleados de las empresas. Lo que sucede con nuestro jefe es, salvando las distancias, similar a la relación entre padres e hijos: su apoyo es clave para que aflore nuestro máximo potencial.

¿Qué situaciones profesionales generan malestar con el jefe?

- Ausencia de reconocimiento.
- Toma de decisiones orientadas al beneficio personal.
- Falta de interés por el desarrollo profesional de sus colaboradores.
- Exceso de control del horario o el trabajo.
- Comportamiento agresivo o humillante.
- Comportamiento aleatorio: lo que a veces funciona con él, otras no.
- Uso individualista de su información privilegiada.
- Demandas excesivas de trabajo, o hechas fuera del horario de trabajo (en fin de semana, por ejemplo).
- Falta de apertura al diálogo, o nula escucha a los colaboradores.
- Comportamiento altivo, egocéntrico, narcisista, megalómano.
- Freno a las promociones o ascensos de sus colaboradores.
- …

Empezamos.

PASO 1.- conectar con el cuerpo. ¿Qué siento en mi cuerpo y dónde, y qué diría esa sensación si pudiera hablar?

Por ejemplo, «Siento dolor en las manos de tanto apretar los puños, y náuseas cuando le veo. Si esta sensación pudiera hablar, diría "voy a vengarme de ti, aunque sea lo último que haga"».

PASO 2.- detectar las emociones. ¿Qué siento ante mi jefe, o cuando pienso en él?

Por ejemplo, «siento desprecio por él y una repulsión total. No puedo soportarle. La emoción básica es el asco».

Ahora, sigue la secuencia de la emoción del asco, y dale sentido:

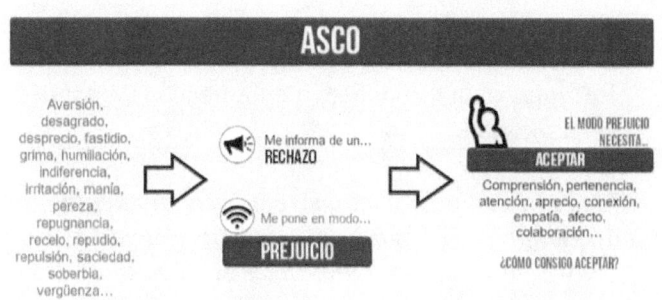

«El asco que siento me informa de un rechazo, que me pone en "modo prejuicio". Todo lo que hace me pone furioso, no puedo tenerle cerca porque es agresivo, humillante, prepotente. Parece que no le importa nada, sólo se preocupa por lo suyo».

Si sigues la secuencia, verás que detrás de la emoción hay una necesidad. Por ejemplo: «Este estado de prejuicio necesita aceptación, porque voy a tener que seguir trabajando con él, al menos de momento ¿Cómo consigo aceptar por mí mismo?».

PASO 3.- satisfacer las necesidades. ¿Cómo consigo la

aceptación que necesito?
3.A.- Adoptar una postura corporal de poder.
3.B.- Regular la emoción.

Gestionar el asco requiere aceptación, así que cierra los ojos e imagina tu propia imagen. Construye un discurso en segunda persona para darle aceptación y seguridad a la persona que estás viendo (tú mismo):

---

1. Debes expresarle con palabras tu lealtad y tu apoyo incondicional. La persona debe sentir tu afecto y aceptación y, para ello, debes validar todo lo que dice y siente, sin ninguna fisura o reserva.
2. Debes enfocarte en sus cualidades, y en lo positivo que ha hecho y ha logrado.
3. Debes animarle a una acción que mejore el problema, ofrecerle alternativas a lo que está haciendo y no le funciona en la actualidad, manteniendo la aceptación incondicional.

«(1) Aquí estoy para apoyarte en este momento difícil, como siempre. Tú sabes que siempre puedes contar conmigo. Sientes náuseas y aprietas las mandíbulas por la tensión acumulada contra él. Sientes asco, es así.

(2) Convivir con un jefe así es muy, muy difícil. Quizá hayas aguantado en su equipo porque tienes un carácter muy equilibrado, y eso es mucho. De hecho, es una gran virtud: si has aguantado, es porque eres una persona madura y serena. Me encanta cómo eres.

(3) Tienes un jefe que no te gusta y por el que sientes asco y aversión. No luches contra ese sentimiento porque será peor. Pero vas a tener que seguir teniéndolo como jefe, a no ser que te vayas de la empresa. Como yo sé que, de momento, no tienes intención de hacerlo, vas a tener que aceptarlo. Vamos a pensar maneras para que tu jefe te afecte lo menos posible y no te genere emociones tan negativas.

Por ejemplo, imaginártelo llorando cuando era un niño, decirle todo lo que te gustaría frente a una silla vacía, escribir una lista de sus cosas buenas, escribirle una carta imaginaria... Bueno, cualquier cosa que te ayude a ponerte en un lugar de igual a igual, porque además de asco, quizá le tengas algo de miedo y no tiene sentido. Yo te ayudaré en todo, siempre me tendrás a mí y yo te daré el aprecio y el reconocimiento que necesitas».

3.C.- Regular el cuerpo. Pon música binaural (si puedes), cierra los ojos, aprieta el puño y vive tu escena de seguridad, paz y aceptación.

Tiempo: han pasado dos minutos. Vuelta al trabajo.

5.4.6. Resumen visual del «Modo Yo»

Si has leído con atención y practicas durante un mes, tienes las herramientas suficientes para regular tu malestar ante cualquier problema que tengas en tu trabajo. Aquí tienes un resumen:

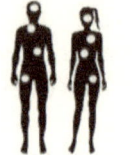

01. CONECTAR CON EL CUERPO

¿QUÉ SIENTO EN EL CUERPO Y DÓNDE, Y QUÉ DIRÍA ESA SENSACIÓN SI PUDIERA HABLAR?

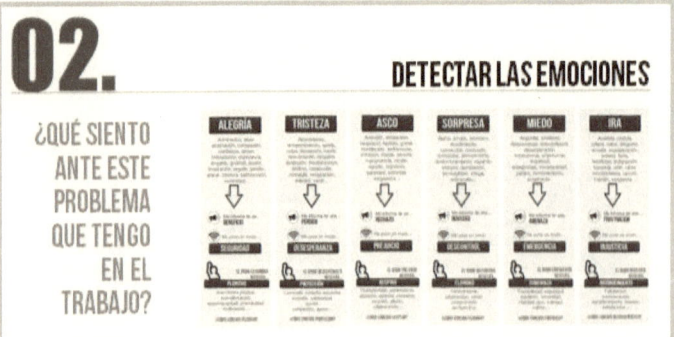

02. DETECTAR LAS EMOCIONES

¿QUÉ SIENTO ANTE ESTE PROBLEMA QUE TENGO EN EL TRABAJO?

03. SATISFACER LAS NECESIDADES

ADOPTAR UNA POSTURA CORPORAL DE PODER | REGULAR EL ESTADO DE ÁNIMO | REGULAR EL CUERPO

6. Dónde pedir ayuda

> «EL MUNDO ENTERO SE APARTA CUANDO VE PASAR A UNA PERSONA QUE SABE ADÓNDE VA».
>
> ANTOINE DE SAINT-EXUPÉRY

Si te planteas recibir ayuda profesional sobre algún problema recurrente en tu trabajo que te genera malestar, y no lo superas poniéndote en «Modo Yo», te sugiero dirigirte a profesionales de la salud laboral:

1. Puedes dirigirte a mí sin compromiso a la dirección de correo elmodoyo@gmail.com, tanto para resolver dudas sobre el libro, como para pedir información de los servicios de un psicólogo de empresas (coaching, consultoría...).

2. Puedes dirigirte a Apertia Consulting, la consultora del Grupo Álava Reyes, y pedir información sin compromiso:
   - www.apertia-consulting.com
   - info@apertia-consulting.com

7. Referencias

Álava Reyes, Mª. Jesús (2018), *Lo mejor de tu vida eres tú*. Madrid, España: La Esfera de los Libros.

Álava Reyes, Mª. Jesús (2008), *Trabajar sin sufrir*. Madrid, España: La Esfera de los Libros.

Álava Reyes, Mª. Jesús (2003), *La inutilidad del sufrimiento*. Madrid, España: La Esfera de los Libros.

Babiak, Paul, & Hare, Robert (2012), *Snakes in Suits*. When psychopaths go to work. Harper Collins.

Dispenza, Joe (2014), *El placebo eres tú*. Barcelona, España: Ediciones Urano.

Dispenza, Joe (2012), *Deja de ser tú*. Barcelona, España: Ediciones Urano.

Frankl, Viktor (1946), *El hombre en busca de sentido*. Barcelona, España: Herder Editorial S.L.

Kassinove, Howard & Chip Tafrate, Raymond (2005), *El manejo de la agresividad*. Bilbao, España: Editorial Desclée de Brouwer.

Núñez Pereira, Cristina, & Valcárcel, Rafael (2013), *Emocionario: di lo que sientes*. Madrid, España: Palabras Aladas.

Piñuel, Iñaki (2008), *La dimisión interior*. Madrid, España: Pirámide.

Sapolsky, Robert M. (2008), *¿Por qué las cebras no tienen*

úlcera? Madrid, España: Alianza Editorial.

Stamateas, Bernardo (2012), *Gente tóxica.* Barcelona, España: Ediciones B.

Tolle, Eckhart (1997), *El poder del ahora.* Madrid, España: Alfaomega.

8. Agradecimientos

Uno nunca llega solo hasta sus ideas: éstas son el resultado de la ayuda, influencia, o generosidad de otras personas. Gracias...

A Ángel Luis Rodríguez, por formar parte de ese cinco por ciento de jefes que dejan huella, en su caso por su estratosférica inteligencia y eterna complicidad con mis ideas «locas».

A mis compañeros de Apertia Consulting y Álava Reyes, especialmente a Natalio Fernández Conte por revisar el texto, a Pablo Riello por hacer la portada, y a César Álava y María Jesús Álava, por todo.

A Pablo Palazuelo, que se ha posicionado como mi mentor de la autopublicación, dándome los cientos de trucos y pistas que a él le ha llevado años descubrir.

A mis clientes de coaching que han probado el «Modo Yo».

A Ainhoa Romero y Ana Guzmán de Lázaro, dos psicólogas que están «hasta arriba» de conocimiento, y lo han puesto a mi entera disposición.

A Lorena Mori y Sandra Collado, que en un tren camino a San Sebastián, me retaron a escribir y a pensar un título menos aburrido que el que tenía.

A Toni Seijo, por presentarme el valioso concepto de los «micromomentos».

A los veterinarios generalistas del Hospital Veterinario Puchol, que sin ellos saberlo me ayudaron a testar el «Modo Yo»: Candela, Carmen, Cristina, Gloria, Jennifer, José, Leticia, Lucía, María J., María S., Pedro, Raquel y Susana.

A ti, lector: con que hayas llegado hasta este punto y estés leyendo estas palabras, ha merecido la pena que escriba este libro.

9. Sobre la autora

Marta Colomina es psicóloga por la Universidad Pontificia de Comillas, y colegiada M-32357 del Colegio Oficial de Psicólogos de Madrid.

Se dedica a la consultoría de Recursos Humanos desde el año 2000. Trabaja para que las personas estén bien en sus empresas, y las empresas estén bien con sus personas. No sabe qué va primero, pero hace ambas cosas.

Sus principales proyectos se han desarrollado en empresas del IBEX-35. Ha dirigido proyectos de transformación organizativa, gestión de cantera directiva, cambio cultural, coaching, proyectos de formación y desarrollo de habilidades, desarrollo directivo, gestión del talento, eventos motivacionales...

Trabaja en Apertia Consulting (Grupo Álava Reyes) como directora de Desarrollo de Negocio. Antes, en CuVitt como cofundadora; en Élogos como directora de soluciones de desarrollo del talento, y como directora de innovación en I+D; en Actúa Human & Capital, como directora de proyectos; en el Instituto de Ingeniería del Conocimiento (Universidad Autónoma de Madrid), como consultora de e-*assessment* y *e-development*, y en IBM España y BBVA, como técnico de Recursos Humanos.

Como ser humano, a veces convierte sus defectos en virtudes, y otras, convierte sus virtudes en defectos.

Sus tres pasiones son la psicología, la cocina y la lectura, y lo más importante que ha hecho en su vida es formar una familia.

www.ingramcontent.com/pod-product-compliance
Lightning Source LLC
Chambersburg PA
CBHW021434210526
45463CB00002B/511

Contents

Free Bonus!	vii
Introduction	viii
Chapter One: The Early Stages	1
Step 1: Discovering your Facebook Audience	1
Step 2: Needs of the Audience	3
What age are they?	3
What's the nature of their work?	4
How much do they make?	4
What format of engagement works for them?	6
Step 3: Facebook Audience Insights	7
Chapter Two: Branding	11
Why is Facebook marketing important?	11
Number of Users	12
Customer Interaction	12
Search Engine Optimization	13
Free Promotion	13
Responding to Problems	14
Beating your Competition	14
Customized News Feed	15
Social Reputation	16
Step 4: Facebook Page	16
Setting up a Facebook Page	17
Profile Picture	20

Know the Guidelines	21
Less is More	22
Prevent Change	22
Cover photo	24
Calls to Actions	26
Facebook Posts	26
Do You Need a Page Manager?	28
Brand Identity	30
Writing a Page Description	30
Setting Your Action Button	31
Branding Essentials	34
Converting your Profile to a Business Page	36
"Page-only" Strategies	37
Chapter Three: The Basics of an Effective Landing Page	40
Step 5: Lead Magnet	42
Chapter Four: Building an Audience	47
Step 6: Posts	47
Photos	47
Step 7: Paid Photo Ads	51
Videos	54
Paid Video Ads	56
Likes	58
Reputation	59
More likes	59
Invite Your Friends	60
Add a Call to Action on Your Website	60
Pay for Ads	61
Tactics to Avoid	61
Fake Promotions with Branded Names	61
Buying Likes	63
Unlimited Posting	64